U0109922

落葉 不歸根

黃三 著

寫回憶要想面面俱到很難，幾十年前在夫妻二人面前發生的一件事，由於好惡不同、理念不同，可以有完全不同的認知（羅生門[1]）。

　　忠於自己的記憶、留下自己的足跡，觸及他人之處，心存厚道、不揭人隱私，何事不可言？又何罪之有！

---

[1] 附錄1何謂「羅生門」？

落葉
不歸根

自 序

　　「落葉歸根」是中國人的一句俗語、一個傳統；世界上許多民族也有這樣傳統；可是新中國建立以後、中國人的傳統變了，沒有人再願意歸根；對於鄉村的老家甚至不屑一顧：革命幹部很多是鄉村來的，但是一旦在城市定居就不願再回老家。

　　三十年前我第一次返鄉探親，路過上海住在華僑飯店，廚房大師傅是山東老鄉，飯後聊天，我說：「離家三十年這是第一次回來」，他說：「我也離家三十年了，還沒回去過；老人不在了，小孩生在這裡，他們是上海人，回去幹啥！」

　　我的叔父、姑母都是老革命，他們定居北京，兒孫都成了道地的北京人；近在咫尺、他們卻從未回過老家；我每次千里迢迢從海外回鄉探親，往返都路過北京，和他們聊聊故鄉的事很有興趣，要他們回去看看不行；「落葉歸根」、「告老返鄉」直是無稽之談、不可思議！

　　中國傳統社會對於「根」的關係是怎樣的呢？林語堂在「吾土吾民」中說到科舉制度的好處是公平競爭、把鄉村中的人才送到京城，帶去純樸清新朝氣；他們到各地為官，積累了一生經驗以後「落葉歸根」、回家養老，再把這些經驗帶給鄉里[2]。新中國建立把這個傳統完全革新了、城鄉嚴格劃分：鄉村的生活條件與城市有天淵之別，所以城鄉戶口鐵定，鄉下人想遷入城市很難；政治制度形成社會風尚，再無人認祖歸宗、慎終追遠。這就是目前大陸人民對於「根」的認知：鄉下人要進城、小城人要進大城、大城人要出國，一旦離開老根再也不想回去！孫女兒出國經歷過近代苦難的老奶奶說：「走吧、越遠越好、幹麼都行、可別回來呀！」

---

[1]　附錄1羅生門
[2]　見拙著「汶南黃氏源流」第二章「黃恩彤的志業」

　　二次世界大戰以後、基本上各地地區逐漸復甦、繁榮發展、開放交流，二十世紀末出現了世界人口大遷移的盛況：中國開放改革、人民紛紛外移：學人學生出國留學、僑民親屬出國依親、商務人員出國做生意，各種各樣的出國門路都設法打開；最後無路可走的便鋌而走險、人蛇帶你偷渡、背上還不清的黑債、冒著生命危險，也要到外國去[3]。

　　台灣人叫做出外「打拼」，鄉下人在城市、在外國發達了老家還是老根，來不及地回家探親訪舊、修墳置產；義大利人最喜歡出外冒險創業，美國的黑手黨年老洗手不幹了、常回到西西里島養老；德國有個城市賣冰淇淋的都是義大利南部一個鄉村來的，他們年輕來這裡打工，年老一定回家養老、埋骨桑梓。

　　大陸人不歸根是制度使然；台灣人、外國人歸根的例子是順其自然、習慣性的歸屬；還有一種人不屬於以上兩類，他們心中有根、念念不忘，而自願到處漂泊或定居某地、不作形式上的歸根者，這一類為數眾多。

　　1979年我把叔父的骨灰從台灣帶回山東故鄉埋葬，紀念文中的幾句話可以作為本序文的結束：

> 「回想五十年代對叔父立下心願、那一片愚忠、以及類似的執著，早已隨著歲月的流逝、變成過去；天地悠悠、青山處處、落葉滿地隨風而去，何處是根？不必深究可也！」

---

[3]　上述的觀察、為求客觀曾向許多國內外同胞求証，請他們發表意見：有人說我成見太深、「以偏蓋全」；有人舉出許多不忘祖先的例子；但都無法否認「不歸根」的現實，尤其是革命元老，高級領導，有沒有誰返鄉養老、落葉歸根？

目次

自序 *004*

第一章　溫馨的童年 *013*

一、曲阜 / *014*

（一）逃學為聽書 / *014*

（二）曲師附小 / *018*

（三）亡國之痛 / *019*

（四）病患之家 / *021*

二、初返家園 / *022*

（一）蔣家集小學 / *024*

（二）重回曲阜 / *024*

三、寧陽縣中 / *027*

（一）添福莊的夕陽 / *030*

（二）崔家大伯──老娘家 / *031*

第二章　流離的少年 *033*

一、初入軍營 / *034*

（一）第一次出手 / *035*

（二）武營長和德麟大叔 / *036*

（三）濟南第二臨中（濟南市 1946/8－1948/9） / *036*

（四）圍城 / *040*

二、北雁南飛 / *041*

（一）淮海大戰（台灣稱徐蚌會戰）前的
　　　最後一班列車　/ 042

（二）最長的旅程、最慢的火車　/ 044

（三）第三聯中——衡山縣霞流市李家大屋　/ 045

（四）南岳——震華文學院和岳雲中學　/ 046

三、繼續南飛　/ 050

（一）八千山東子弟會師廣州——送入火坑　/ 050

（二）秦德純錯在哪裡？　/ 050

（三）要當兵去台灣，不去澎湖　/ 051

四、重走流亡路　/ 051

第三章　奮發的青年——飛躍的羚羊　053

一、再入軍營　/ 054

（一）五塊厝的新兵訓練　/ 054

（二）高雄要塞司令部無線電訓練班　/ 056

（三）高雄要塞守備團通訊連　/ 057

（四）陸軍通訊兵學校　/ 059

二、八十軍的見習官　/ 059

（一）南台灣的鄉村　/ 059

（二）北港之戀　/ 060

（三）告別軍營　/ 061

（四）結束初戀　/ 062

目次

三、重拾舊業 / 064

　（一）木魚青燈──高雄市的小廟鼓山亭 / 064

　（二）台中霧峰萊園中學 / 065

　（三）台灣大學 / 070

　　（1）台大的人情味 / 070

　　（2）教授群像 / 072

　　（3）第二次出手 / 074

　　（4）獸醫系的鬼才 / 076

　　（5）台大同學 / 076

　　（6）考試成績 / 079

　　（7）家庭教師 / 079

　　（8）大叔去世 / 082

　　（9）第一代的同鄉元老 / 084

四、工作 / 087

　（一）台東省中 / 087

　（二）台北地方法院 / 089

　（三）台北郵局 / 090

五、更上層樓──陽明山中國文化學院 / 093

第四章　徬徨的壯年　100

一、初抵魯汶 / 102

二、第一封家書 / 103

三、學業的選擇 / 103

四、中國之家和中國同學 ／ 104

五、慕尼黑避靜 ／ 106

六、中國之家的中國年 ／ 108

七、鳳西來到 ／ 109

八、結婚生女 ／ 110

九、比京自由大學ULB ／ 114

十、衣藍也來了 ／ 115

第五章 從商──順水推舟 *121*

一、玫瑰餐廳 ／ 122

二、第一個接來的留學生 ／ 124

三、海邊分店 ／ 124

四、岳父應聘來比教拳 ／ 127

五、岳母逝世 ／ 131

六、郭將軍重上征途 ／ 133

七、重返故鄉、再見親人 ／ 135

八、新民夫婦來比 ／ 147

九、汽車貿易 ／ 148

十、第二個留學生 ／ 150

十一、珠海投資 ／ 153

十二、風光的八十年代 ／ 155

目次

第六章　式微──風光不再　*165*

一、岳父中風　/ *166*

二、母親傷腿　/ *168*

三、生意滑落和鳳西的努力　/ *169*

四、遷店　/ *170*

五、結束營業　/ *172*

第七章　漸入晚境──隨遇而安　*173*

一、衣玄出嫁1995　/ *174*

二、覺民的婚姻　/ *177*

三、衣藍別緻的婚禮　/ *180*

四、鳳西的文學之路　/ *181*

第八章　餘霞──悠遊的歲月　*183*

一、上海紀行　/ *185*

二、弔胡師──追念恩師胡品清教授　/ *187*

三、默默祝福四十年　/ *189*

四、鳳西新書序　/ *190*

五、鳳西的演唱會　/ *192*

六、幸福來自心中　/ *194*

七、兩性淒迷　/ *195*

八、台北札記（備忘錄）　/ *196*

九、上校夫人 / 203

十、戴溫德先生 / 204

十一、遙祭亞洲 / 205

十二、醫藥進步的罪惡 / 207

十三、寄六妹談近況 / 209

十四、在衣藍公婆家過聖誕 / 212

十五、歐洲大雪 / 213

十六、賞雪記 / 214

十七、七十六歲的生日 / 216

十八、傅公二次演出 / 217

十九、春節二三事 / 218

　　（一）祭祖辭歲 / 218

　　（二）台北代表處春宴 / 219

　　（三）一文錢賣掉老富豪 / 219

二十、關於唱歌 / 220

附錄 225

一、什麼是羅生門 / 226

二、大爺黃文麟 / 227

三、大叔黃德麟 / 228

四、奉叔父歸根記 / 231

五、歸根、不歸根 / 233

六、黃泰父子墓 / 235

七、我的外祖母（周玉芳） / 236

目次

八、林攀龍校長百年冥壽　/ 241

九、鬼使神差　/ 243

十、冬冬亨利　/ 246

十一、夢迴水城　/ 248

十二、我的少年情結　/ 250

十三、高雄尋舊記　/ 251

十四、幾封很有深意的家信　/ 254

書後感言　259

第一章

溫馨的童年

一、曲阜

（一）逃學為聽書

三十年代，軍閥割據，互相傾軋，戰亂不已；地方上盜匪橫行，民不聊生。山東寧陽添福莊的黃氏族人紛紛外逃避難。逃到曲阜城裡的有五院長支「求是齋」的黃文麟、黃禧麟兩家；次長支「崇德堂」的黃書麟一家；次支「守真堂」黃德麟一家，共三家。

我是求是齋黃禧麟的第三個兒子。我們這一家大哥啟祿、二哥啟禎都在老家出生；姐姐玉娟以下五個姊弟都生在曲阜。

1930年閻錫山聯合馮玉祥倒蔣，閻軍向山東進攻，蔣軍（國民政府）固守曲阜，炮火猛烈，打了十一晝夜，政府的援軍抵達，閻軍敗退，死傷慘重。這一場戰役，給曲阜人民留下慘痛的回憶，叫做「打大炮」。我就生在那年年底，庚午年屬馬臘月初十，是陽曆1931年1月28日。[1]

我們在曲阜逃難的家，最初安在考棚街曲阜師範（省立二師）緊鄰的「小五府」後院，房東兄弟二人，我稱表叔。大表叔孔繁耿號蔭長，拉得一手好胡琴；二表叔孔繁壬，號序冰，是個天才音樂家，北京音樂學院畢業，會很多樂器、精通樂理，是二師的音樂教師，深受學生敬愛。

---

[1] 本段參考孔德懋「孔府內宅軼事」121頁閻馮戰事。

　　求是齋的長支，我大爺文麟一家住東門大街，有兩男兩女；大哥啟福、二哥啟祥在老家出生，以下的兩個妹妹也都生於曲阜。大爺鑽研中醫，並在小五府對面河邊一處房舍學針灸，我曾見他在那裏實習，替人扎針；他後來成為我們家鄉的名醫，鄉民的救命恩人[2]。啟福哥讀二師，大嫂是曲阜廟西劉家，她的兄弟都是新思潮的青年，她自己也有很好的文化素養；二哥啟祥有點怪癖，不上學，在家自修，讀書很多。

　　次長支崇德堂書麟四叔家，原來住在古畔池附近，二老健在：三爺爺黃彥恪總是衣帽整齊、舉止莊重文雅；三奶奶孔氏續弦，瘦長身材，聲音洪亮，很有威嚴。四叔已婚、四嬸是做過曲阜縣長的江南名士宋文川之女、閨名允淑；小巧玲瓏，素有才名；她的剪紙藝術貫絕一時，她可以隨手剪出四季花卉、詩詞歌賦、傳奇人物。四叔是二師的學生，有新思想，讀了大量共產主義的書，日軍入侵，他經地下共黨援引到沂蒙山區打游擊，抗戰勝利後他又去黑龍江建立內戰基地，成為革命建國的元勛。次支守真堂德麟大叔[3]一家，上有三爺爺黃彥威夫婦，二爺爺彥忠早已不在，有二奶奶，長女伯麟嫁給濟寧的企業家孫篤丞（續弦），就是孫衡表哥的母親；這家的三爺爺和那家的三爺爺（書麟四叔的父親彥恪）不同，他不修邊幅，有才學和幽默感；我聽他講過一個「風吹鴨蛋殼」的故事至今不忘。

　　三爺爺的長子就是德麟大叔，北京朝陽大學法律系畢業，當時跟何思源任山東省教育廳秘書。日本人打來他奉派到地方軍區當參議，聯絡抗日游擊隊、代理寧陽縣長。大嬸子王氏尖尖的鼻

---

[2]　附錄2「大爺文麟」。
[3]　附錄3「大叔德麟」。

子、聰明秀麗，他們的獨子就是黃泰大哥。大叔有兩個妹妹一個
弟弟：二姑淑麟去西北聯大念化工；三姑黃存濟南女師畢業在曲
阜當教師；二叔惠麟原來也在濟南念書，這時也回到曲阜。

　　曲阜是孔孟桑梓之邦、文化發祥之地，各方勢力包括日本都
想爭取為政治資源。縣城有防備，城裡治安良好，成為附近鄉鎮
舊大家的庇護所。

　　我們小五府的房東大表叔家有三個兒子：祥勘、祥勱、祥
功，我叫他們「娃哥」。三娃哥和我同年，二娃哥大我一歲是幼
年最好的玩伴；他們有個妹妹祥琪小我們很多，當時沒有印象，
半個世紀以後我每過北京必和她一會，談談童年舊事。她歷經曲
阜的許多變故，又接她父母去北京養老，得知許多陳年舊事，在
北京養親送終是他們一家的功臣。

　　二表叔孔序冰的太太我們叫表姨，不知哪門子親戚，有幾個
孩子，年紀幼小。二表叔後來被日本特務抓去，受了酷刑、死在
牢獄；抓他的時候我親眼目睹，將在下章詳述。

　　我們在二師附小讀書，一壁之隔，聽見鈴聲出門不會遲到。
姐姐大我三歲，帶我一起上學。大約是啟蒙的「初級階段」；記
憶中盡是和孔家兄弟嬉戲的事。

　　我們那時遊樂的範圍，不外孔廟、孔林、南門外的沂河崖等
地。孔廟前院洙水橋一帶平時關閉，不能進出，卻擋不住我們，
我們經常越牆而過，進去採苜蓿、挖薺菜。那一帶的廟牆正是我
們練功的校場。我們可以在牆上奔跑如履平地；常常在那裏交量
「飛簷走壁」的功夫。

　　孕育我們這種尚武精神的地方是另一個學堂，那就是鼓樓門
內、聖公府兩旁的說書場。左邊的是一位乾瘦鑠鑠的老者，名叫

「伯遷」。他左手持書，右手有兩片竹板，口中念念有詞，手中的竹片捧捧打打，把我們帶入江湖：行俠仗義、劫富濟貧；他說的是三俠劍、大五義、小五義、七俠五義、兒女英雄傳等等。

右邊的是一個黑壯的大漢，外號「鐵公雞」。他沒有書本、也沒有道具，憑他的記憶講故事。此人真是個偉大的天才，我現在閉上眼睛、他的音容笑貌宛在，是那麼引人入勝。我們本是伯遷的聽眾，到後來竟被鐵公雞帶進「聊齋誌」的鬼狐世界，而一發不可收拾，從此走上逃學之路。

聽書聽到緊張關頭煞住，或者中間缺課，不知下文，最吊胃口。欲知後事如何，就設法找書來看。大約這兩年中，一般章回小說以及聊齋之類大都涉獵過。

到了夏天我們常去南門外沂河崖戲水、練水上功夫。沂河水不深，除了「洗澡」還可以撈魚、摸蝦、抓螃蟹。有一回衣服放在河邊被水沖走，只好等到天黑穿著樹葉編的圍裙溜回家去。

鼓樓門內聖公府前的方場、春節元旦開始有半個多月的會期，更是熱鬧非凡。各種吃的、玩的，目不暇給。糖炒栗子、冰糖葫蘆，豆腐腦、燻豆腐；還有當年特有的那種「脆蘿蔔」，青皮的、紅皮的、青皮紅瓤的；挑擔的賣者把你選好的蘿蔔上頂削去，從上到下切個井字，你就可一條一條地撕下來享用，蘿蔔賽梨名不虛傳。其他如捏麵人的、耍猴子的、拉洋片的、算命拆字的、說書唱戲的更不在話下。四十年後（1977年）我重履那塊土地，閉上眼睛似乎還能聽見那種喧騰，睜開眼卻發現它竟如此窄小，真奇怪當年怎麼能容得下那麼多的把戲？

每年清明和十月初一是孔林前的林門會期，場面就壯觀多了。有天南地北來的各種各樣的與會者：關外來的駱駝隊、

川廣來的藥材商、有江湖賣藝的、跑馬賣解的、走鋼絲跳火圈
的……，大開眼界。有一年大家爭看人面蜘蛛：一個大蜘蛛的身
體長了個娃娃臉，還能抽香煙。傳說後來破了案是拐騙的兒童弄
啞了、裝上假蜘蛛皮。

　　這個會上我還記得吃過些平時吃不到的東西，像羊雜湯、胡
椒辣湯、大塊的肉餡餅之類，這些飲食日後都成為我的最愛。在
高雄、在台北、在日後旅行中美國的唐人街、北京的夜市、河西
走廊的張掖、武威，甚至非洲的小鎮上，總喜歡品嚐這些地方風
味，以及那種鄉野集會的氣氛。

（二）曲師附小

　　這個小學我斷斷續續讀了四、五年，在老師中對我影響最
深，至今印象清晰終生不忘的是教地理的齊老師。齊老師外號齊
猴子，人瘦小、嘴巴尖尖的，常穿一襲灰布長衫，他去過很多地
方，有很多旅行經驗，所以他的課總是講述親身見聞，引人入
勝。每講一個地方他就帶來自繪的地圖釘在黑板上。他講到雲貴
高原的風土人情、講到四川的棧道懸棺、講到太湖流域的楊梅、
枇杷，紹興的泥塑。他說：

　　「有一天我走在紹興街頭，有個人抄著手跟了我一段路，然
後來到我面前、從袖口裡掏出一個泥人、翩翩如生，仔細一看就
是我，你怎能不買！」

　　同班同學只記得一個名字「顏世宜」，因為他曾經和我一起
練唱流行歌曲。像電影西廂記插曲「拷紅」、「魚光曲」、「送
君」都是那時學的。

　　再來就是偷偷地喜歡我的小表妹孫鑫（後改為欣），她比我低三年，常在校園中相遇，她梳兩條辮子，穿一件綠色大衣，我常常欣賞她和同學跳繩。

（三）亡國之痛

　　日本乘中國內亂之機先在東北製造了個附庸的「滿州國」，又於1937年不宣而戰，攻下平津，揮軍南下。當時國民黨和政府的統帥蔣介石，為保存實力節節後退，日軍進入曲阜縣城未經戰爭，居民倉皇躲藏，怕抓壯丁、怕強暴婦女。我大哥訂婚未娶，大嫂是女扮男裝送來的。學校停課了，我先進了一所私塾，老師是一位六十來歲的冬烘先生，抽旱煙，手裡的旱煙管常敲在學生頭上。學生年齡不等，有結了婚的。老師不在的時候，鬧翻天，什麼花樣都有，我在那裏學了不少壞事。老師教的是四書五經，不開講，我念大學、中庸。

　　一天老師外出，他一出門學生就把大門關上，大家脫光屁股互相觀摩。年長的講授生理知識。一個結婚不久的遇到問題請教一個老資格，說他把一只乒乓球塞進老婆的下體拿不出來怎麼辦？老資格果然有辦法，教他把小鐵鉤燒熱插入乒乓球中稍等一會，鉤子冷了可將球拉出來。

　　後來有位袁怡如老師在五馬祠街張家設館，張家也是寧陽來的世家，住的是吳道尹家的房子。袁老師是科班教師，數理化都教，比先前的私塾文明多了。學生有張家（寧陽葛石店）的二位表姑、學校對門的孫家姊妹：孫梅、孫菊、孫茜、孫漪；孫錫鈞（衡）、黃泰和我在那裏結拜的兄弟嚴向東等人。

　　大約在日本人進城後的第二年，城裡安定下來。日本的特務組織憲兵隊坐鎮佔領區，維持統治及治安。學校恢復上課，我們都回到學校。校中多了個日本教官，功課增加了日語。有一天二師課堂上觸及了亡國話題，師生相對痛哭失聲，引發了日本特務的大舉抓人。我們的房東孔序冰老師和我大爺家的啟福大哥等都被抓走。

　　第二天日本憲兵押著孔二表叔來家搜查，我躲在門後看見他混身血污；忽然朝著院中的水井跑去，在井台前被揪住抽打、架上汽車帶走，從此沒再回來。啟福大哥被捕時小虎（遜昌後改為迅昌）已經出世，闔家天下大亂。

　　曲阜師範有位滿州來的明老師，他的兒子叫明憲春，是哥哥們的同學，會說日語，父親帶了賄款跟明憲春去濟南打點救人，結果錢被騙走，人未見著。啟福哥坐牢四年多於1943年獲釋，談起當時被抓去，受了許多嚴刑拷打，他說被捕的人沒有共產黨；四十年後書麟四叔在北京對我說：「真共產黨（他自己）跑了，假共產黨坐牢」。

　　解放後人民政府派人來慰問表姨，說孔序冰是共產黨烈士。表姨拒絕接受優遇並宣稱「我丈夫不是共產黨」。表姨有二男一女：祥勤、祥勱、祥鳳。她帶了孩子去濟南謀生，艱苦度日，積勞成疾，1965年患肺結核去世，享年55歲。三個孩子都在濟南落戶：祥勤在鐵路局工務段當技術員、祥勱在鋼鐵廠當工人、祥鳳當了小學教師。共產黨喜歡邀功、製造歷史；竟有人忠於丈夫的為人，不沾便宜，寧可過苦日子[4]。

---

[4]　祥琪數次詳述。

（四）病患之家

　　我們這些舊大家的生計來自老家寧陽縣添福莊的田產，各家都有個管家在那裏代收地租、變賣田地，支持逃難的日子；在曲阜的生活很精簡，佣人只有于媽媽[5]和一個長工曹伯生二、三十歲做雜役和司廚。我從沂河岸摸來的螃蟹叫他給我用油炸，他很為難，因為他信佛，他把螃蟹放在刀上讓牠們自己爬、掉進油鍋裡，口中不斷念著：「是你們自己跳進去的。」

　　我們兄弟四人都很瘦弱，二哥小時候漂亮活潑；可是到了十五、六歲時害胃病，中西醫都看不好，胃痛起來滿地打滾，大叫一聲就昏死過去。為了止痛打上嗎啡；醫藥治不了就求神問卜。扶亂的、下神的、圓光的，經常來家作法。

　　下神的是一位中年婦女，面目清秀，言語斯文，可正說話間忽然全身發抖，眉目扭曲，之後漸漸平靜、再搖晃幾次，開口說話，聲音變了另一人。因為來的神明不同，聲音語氣全不一樣。某某娘娘中年婦女，不苟言笑；手下有三個仙姑，各人的聲音性格不同，最有趣的是老三，她一來笑語如珠，說話大都是唱戲，調子婉轉，她描述她們仙山的景致、雲霧飄渺、鳥語花香、講到娘娘的佛法神通、威德無上。

　　圓光的是位中年男子，在堂屋中央牆壁上掛一塊白布，許多人站在布前、包括病人、小孩。他口中念念有詞，兩手一拍指著

---

[5]　于媽媽鄰村人，早年守寡，來家做長工，我們姐弟都由她帶大。曲阜逃難十八年，再返回老家，她已上了年紀，自己家中過繼的兒子一直想接他回家養老，她捨不得我們。解放以後，家中日子難過，她只好回家，常常接濟我們，也常接兩個妹妹去她家吃頓飽飯。

白布說聲：「看！」，然後問眾人看到什麼，我什麼都沒看到；可是我二哥說他看到一個小孩，在一間房子裡做功課；還有另一個小孩也看到了什麼。

　　所有這些邪門怪道，雖然演來活靈活現，但對病人的病，毫無作用。二哥的病日益嚴重，曲阜的名醫會診認為已無藥可救。他與二嫂是「娃娃媒」自幼訂親，當時社會上有沖喜之說，他們是在這樣的景況下拜堂成親的。婚後依照神棍的儀式，二嫂把自己的陽壽借給丈夫三十年。不記得經過如何，不知道究竟什麼方法見效，二哥的病好轉了，最後竟康復了。

　　再說四弟啟禮，他比我小三歲，從小性情軟弱，身體多病，大約在他五歲左右背上生了個惡瘡，中醫叫「大背瘡」，流血流膿，每天跪在床上、頭抵著枕頭呼叫。為了止痛也給他注射嗎啡，細細的手小臂滿是針孔；記得他當時常說的兩個字「舊眼」，意思是在舊的針眼上注射。北京的書麟四叔，還記得當年來家看過四弟跪在床上的樣子。以上兄弟生病的事發生在1937－1941年間，到從曲阜遷返寧陽老家的時候，大家都好了起來。

二、初返家園

　　日軍繼續向南推進，他們的目標不止是中國；而是整個的東南亞、太平洋。1941年12月7日本偷襲珍珠港，展開了太平洋戰爭。前方戰事急，佔領區就只顧搜括錢糧和戰略物資，反而相對

的安寧下來。1941年秋天、我念完曲師附小四年級，添福莊黃氏在曲阜避難的三支四家、我們求是齋次支這家第一個遷返故鄉。

這時二哥也結婚了，大嫂已生下第一個男孩、取名昌鎮[6]。兩個哥嫂都暫留曲阜；第一批回家的有父母親、姐姐、我、四弟、六妹、七妹和于媽媽。伯生為了媳婦，留在曲阜，換了主人；伯生性情善良老成、娶了個時髦媳婦、短小精靈、黑黑的皮膚，外號「黑翠」，伯生吃盡苦頭。

我們僱了三輛騾車，添福莊有專程來帶路的，一大早出城直奔寧陽。這條路全程大約一百二十華里，中間越過九山，預計傍晚可到家；但在九山迷路，轉來轉去天已大黑，只見磷磷的鬼火拖著長長藍光圍繞車子打轉，此起彼落，遠近都有。車夫抱怨帶路的說：「在你們家門前還會迷路！」帶路的直嚷他被鬼迷了眼。忽然有人大喊：「停車」，才發現車臨懸崖，再前進一步就翻進山谷。

總算摸到家了。添福莊老家第一次回來，那年十歲。

我們五大院的其他各家本來就沒外逃，住在各院。我們和大爺家東西兩院。我們的房子堂屋是二層樓，東西配房；過月門是學屋院右首進去是祠堂。這兩院十八年沒人住過，不久前才清理出來。學屋院、祠堂一帶還是荒草沒脛。

小孩們都知道，老家正樓前有一棵石榴樹，樹下面埋著一缸瓷器。回家不久父親趁夜間挖下去，驗證了原罐未動過，又把它埋好。後來到了文革，四弟在縣城做教師，被鬥得死去活來，就供出這缸瓷器贖罪。

---

[6] 這個孩子大約兩歲多的時候在樓前石階上玩耍，鬥爭會的一群人進來搶東西，他受驚從台階上摔下來，中病夭折。

祠堂裡還掛著「重筵鹿鳴」的匾額，恩彤公的油畫像和「靜海寺簽約」的相片也都完好的掛著，地下全是文書、故紙。學屋廊下擺著一疊疊的木刻板，我現在猜想可能就是「辛亥世譜」的原版。不久大爺一家也回來了，我大哥和二哥都帶著妻小回來了。父親帶兩個哥哥把祠堂的故紙挑選整理：有奏章、有書信、有詩文，都是工筆小楷，想來是師闇公甚或恩彤公的手筆。整理出三大疊送到曲阜裝裱三大冊，我記得很清楚。

回家不久六妹妹忽然病了，發燒說胡話：「我不去、我不去！」問她：「去哪裏？」說前院的小姑娘叫我去玩。這又要請神了，後來怎麼好的不記得了。

（一）蔣家集小學

回家不久我就去蔣家集上學，離家八里，學校設在城隍廟裡。學生都住校，宿舍是大通倉，學生的伙食很差，大家都帶點小菜。我每星期日晚上帶菜去上學，星期六下午回家。我是曲阜城裡名校來的，在這裡當然很出風頭，除了功課好，玩的事也都行，沒事就跟一位老師學拳。碰巧寧陽縣舉辦國術比賽，校長帶我一人代表隊進城參加比賽。我打了一套大洪拳，一套猴拳，抱了塊銀牌回來。

（二）重回曲阜

一學期過了，父母覺得家鄉的學校不好又把我送回曲阜，先在大嫂娘家趙三叔家暫住，放學回來和大嫂的弟弟：四哥（趙景瑞）、五哥（趙景瑗）、還有他們的親戚梁朝忠一起自習；趙家兄弟只讀私塾，不上學堂。老師不在時我們就打鬧嬉戲，大人進

來，立刻坐正看書，趙三叔對我有句評語：「他能立時把玩心收起來」。在趙府寄宿大約一兩個月，最後商得崇德堂三爺爺的同意住到他家，念完曲師附小。

三爺爺家原來住在池坑崖、池就是「古畔池」，一個小湖，中有一亭，非常古雅。這時遷入五馬祠街孫靜宇先生家前院，家中有三奶奶、四嬸子、一個多年的女傭刑媽媽和廚子長工童中。四叔於日本進關前就出走沂蒙山區打游擊去了。童中住門房，我在他房中加一張小床相對。一早去上學，中午在學校吃飯，晚上回來和爺爺、奶奶、嬸嬸同桌共餐。

三爺爺很少說話、總是衣帽整齊，常常在院子裡散步，口中念念有詞，也許是背誦詩文、也許自言自語。他是前清的秀才，同輩中學問和修養最好，當時的相貌最像油畫上的恩彤公。有一天他興致好說過一個謎語我還記得：「一寸佳人」打一字，四嬸子猜對了，是個「奪」字。我常想這個謎語構思精巧，天衣無縫，「一寸佳人」是個「奪」字，一筆不多、一筆不少，大概是三爺爺發明的，而四嬸嬌小玲瓏又恰好形容為「一寸佳人」。

三奶奶清瘦精神，很有威嚴，說話斬釘截鐵、振振有詞，手裡經常端著她的水煙袋。她是續弦，娘家姓孔，生四叔。前一個奶奶娘家姓鄭，所以四叔參加革命改名「鄭學孔」[7]。

四嬸子名叫宋允淑，性情開朗活絡，她父親宋文川做過曲阜縣長的江南才子，落戶在曲阜。詩詞歌賦無一不精，尤愛京戲，兩個姨太太是親姊妹京劇名角，姐姐唱淨（花臉）、妹妹唱青

---

[7]　解放後四叔接受革命同志老大姐帥孟奇的建議改回本名，有一年在北京閒談他對我說：「萬幸把『鄭學孔』改掉，要不然光這個名字在文革時期就招大罪了」。

衣。四嬸是正室長女，下面還有幾個大姨太生的妹妹。她幼讀詩書，心思細巧，剪紙藝術冠絕一時。過年的對聯、喜字、燈上的花鳥，人物，隨手拈來，維妙維肖。她與四叔恩愛異常，曾生過一個女兒夭亡，四叔在山區打游擊，出生入死，童中翻山越嶺給他送去手做的衣物都遭退回，他說同志們同甘共苦，大家都穿草鞋，這些東西用不著。

　　晚飯四人共坐，嬸子常能調合氣氛把飯吃得輕鬆愉快。以前我只有在過年時來他們家辭歲、拜年，平時很少走動，現在忽然變成一個成員，起初有些拘束，漸漸地習慣了，覺得他們對我並不厭煩，尤其和四嬸子很合得來。

　　德麟叔一家也住五馬祠街，三姑黃存濟南女師畢業、在縣城教書，與四嬸交好，常來探望，我的功課得到三姑熱心指導，建立了深厚的感情。我念的曲師附小水平很高，這是最後一年。

　　這一年三奶奶去世了，入冬她就咳嗽，越來越重。請了全城的名醫會診（包括張大膽）未能挽救她的生命，一天早上發現她斷氣了。從生病到入殮、到出殯我都親身參與。喪事很隆重，添福莊各院都來了代表守靈，想到的人有：後院慎柳堂的啟同大哥、守真堂的惠麟二叔、黃存三姑、我二哥啟禎、四嬸娘家的妹妹[8]等人。一切由四嬸主持，三爺爺不聞不問、不言不語，但他心中明白、心裡最難過。喪事過後，家務落到四嬸一人身上，事情也簡單多了。不久我從曲阜師範附屬小學畢業，辭別了爺爺、嬸嬸回寧陽考進縣立中學。

---

[8]　宋家的幾個姨們我都認得，最小的六姨和我在附小同班，有表演天才，二姨最漂亮斯文，三姨胖而直爽，她們那時都待字閨中。抗日勝利內戰展開，國軍的精銳「新五軍」駐紮曲阜，六姨嫁給一個軍官。到了國軍敗退宋家逃到南京去了。

三、寧陽縣中[9]

　　1941年兗州日本憲兵隊關押著一個國民黨的地下抗日要員，名叫楊學賢，山東肥城縣人，齊魯大學教育系畢業。楊學賢在讀書時代就有卓越表現，他是三鐵國手，積極組織愛國活動，成為學生領袖。齊魯大學畢業後在濟寧做過粹英中學、光華中學校長，1935年創辦魯西中學。由於他種種愛國仇日的表現被日本特務抓去。寧陽縣偽縣長王紹武想辦中學，他的親戚劉敬堯老師就推薦楊學賢。王紹武把他從日本憲兵手中保出來，1942年創辦了寧陽縣中。

　　王紹武投入鉅資在縣政府後院的舊建築基礎上新建教室和宿舍。當年招生初一兩班、四年制簡師一班；第二年只招初中兩班。第三年（1944）同樣招初一兩班，我和二哥都考取了；我編入乙班，二哥啟禎編入甲班。

　　二哥小時大病幾場耽誤了學業，回到寧陽身體康復決心入學讀書。這時侄女婀娜已經出生，他們住在二嫂娘家。二哥改名黃介文，從「文化街小學」六年級念起，畢業參加全縣會考名列第一；張疏秀第九；龔亞洲第十[10]。

　　楊校長的的聲望和關係好，他請來了一批高水準的老師，很多是名校出身的專業教師。1944年我入學的時候、楊學賢校長已去後方安徽領導流亡學校[11]，校長一職由訓導主任楊景襄接任。楊

9　本節大體依據自己的記憶和龔亞洲的改正補充，以及尹燕生主編"寧陽文史資料"等四輯。

10　龔亞洲記憶力特好這些細節都是他提供的。

11　抗戰勝利後他到上海高就，解放後一直在上海，改革開放兒子在美國定居、接他去養老，終老是鄉。

景襄河北饒陽縣人，北大理化系畢業，理化教學經驗豐富，我常見他抱著儀器在校園來去。

縣中的老師我印象最深的是音樂老師趙明星。他是本縣人，北京匯文神學院畢業，擔任我們的音樂和美術老師。他精通很多樂器，和我關係很好，我跟他學過月琴和洞簫。記得他用鋼鋸拉「漁光曲」哀怨悽婉非常動人，鋼鋸究非樂器，能演奏的曲子極其有限，他這一手我到台灣兵營曾下過功夫。

第二個印象深刻的是訓導主任陳國梁，山東新台縣人，他身材高大粗黑，高班的學生私下叫他「陳黑驢」；他嘴上掛個哨子，手裡拿根籐條，哨子嘟嘟一吹叫人頭皮發麻；可是他好像挺喜歡我，從未對我發威。

教自然（動植物）的劉天一老師學問很好，教學非常認真，不苟言笑。他給我們樹立「界、門、綱、目、科、屬、種」分類的概念。有一堂課他講到「紅葉」引述了古書裡紅葉為媒，才子佳人的故事，在黑版上寫了那首古詩，我還得最後一句：「方知紅葉是良媒」。[12]

二哥甲班的國文老師姓安，書教得特別好，二哥佩服得五體投地，常和我談課堂上的情況，令我十分羨慕。我們的國文老師姓邱，是一位教私塾的冬烘先生，上課乏味。有一次趕上空堂我跑到甲班聽安老師的國文，果然名不虛傳[13]。

英語老師曲燦春、齊魯大學畢業，他教的是美國英語；教日語的陳老師教學用心而很有識見，他教我們不要為了抗日而不學日文，為了抗日才該把日文學好。

---

[12] 劉老師也到了台灣，原來他是國民黨的地下工作人員。到台後恢復軍職，冀亞洲曾去看望他。

[13] 安老師也到了台灣，他做了教會工作。

　　現在來談談縣中的同學：同班中當時非常要好，後來共患難而終生無間的是龔亞洲，他當時叫龔仲瀛，家住南關是很扎實的生意人家，祖先經營藥舖起家，漸次增加了油行酒廠，傳到他父親手上生意鼎盛。亞洲功課好（他前三名、我十名左右），玩得也好，我們都是打彈弓的能手，彈弓自己做，用樹枝叉或粗鐵條做架，汽車內胎作皮筋，他家中有位幫傭的王奶奶，幫我們剪輪胎，一剪到底一樣寬窄、沒有刀痕。球類也行、兩人都好打籃球。

　　運動方面除了打球我也玩單雙槓，四十年後同班尹燕生說對我最深的一個印象是我雙腿倒掛在單槓上搖蕩，頭一挺雙足落地。

　　女生中印象深刻的是甯淑萍，她是班上第一名，能列出來的有：尹燕秋、尚愛榮、任貴英、張貴平、劉文娟等；男生依座位順序我的同桌是趙振灼、成績很好、有才氣、毛鴻章、殷某某、張玉蕚；第二排：甯廷俊、劉玉均、龔亞洲、尹燕生；其他還有：梁朝煜、劉守義、張大慶、梁守凱、吳兆忠、劉果堂、王懷珠、龔仲遂、劉心一、蘇公澍、蘇公澄、沈世瑤、甯挺樞、秦建中（後二人都到台灣）等等，共約五十人。第一學期前三名的順序是甯愛萍、龔仲瀛、趙振灼。第二學期仲瀛第二名不動，淑萍與振灼換位。這些細節都是仲瀛和我一再重複回憶記錄下來的，希望有一天來個校友會重排座位，校正一下目前所記。

　　甲班的張毓秀是軍樂隊鼓手，我跟他學打小鼓，常拿筷子當鼓錘苦練，不久也做了軍樂隊小鼓手；有幾個高年級的同學和我很要好，甯廷淦（後改名甯愚）是第一個，高我兩屆，他是甯淑萍的哥哥，他父親甯鵬遠當時做教育局局長。而最令我動心的卻

是他的二妹愛萍，一個漂亮活潑的小女孩，我常逗她，後來在台灣重逢成為我的「初戀女」。

其他高年級同學和我有交往的還有曹如砥、程鵬霄[14]、吳兆勤、楊承蔭、李文範等人，後三人都在台灣重逢。

（一）添福莊的夕陽

1941年我們搬回添福莊不久，大爺家也搬回來。再不久守真堂三爺爺家也回來了。他們家德麟大叔在地下抗日、代理寧陽縣長，從未露面；小麟哥黃泰去西南聯大投奔淑麟二姑；惠麟二叔在曲阜喪妻，留下三歲的小如（現住濟南的黃綺霞）和初生的小朋（現住濟南的黃恆）由三姑扶養。留在曲阜的就剩崇德堂三爺爺一家，書麟四叔正在沂蒙山區帶著女兵打游擊。

地方上卻相當平靜。學校放假回到家裡和各院的兄弟姐妹遊戲；尤其是寒假過年更為熱鬧。除夕成群結隊到各院磕辭歲頭，我走在前面把炮竹的信子弄鬆點著，後面的姐妹走到一聲爆響，叫她們花容失色；磕完頭就賭博熬夜，一大早又去各院拜年。這時玩在一起的有：守真堂的啟傑大哥、慎柳堂芝麟大叔家的黃崑、黃崙兄弟、錫麟二嬸（二叔早亡）家的三個姐妹；還有五院以外遺德堂[15]的黃端，我們稱他六爺爺，年齡他只比我大兩歲。同輩中年齡較長常見面的有慎柳堂的啟同大哥、我們家和大爺家的大哥、二哥。夏天我常和啟祥二哥去釣魚；去黃家崦汶河洗澡的

---

[14]　程鵬霄出身富裕家庭，才學清高，擅長音樂藝術和運動。解放後當教師甚受歡迎；反右鬥爭打成右派下放、妻子離散、一生潦倒。晚年再婚，正逢我返鄉探親、參加了他的婚禮（約在1994年）。

[15]　遺德堂是恩彤公的兄長恩霈公一支，單傳而早逝，恩霈－寶書－漢元－黃端，黃端在鎮反時期遭處決。

有許多人，包括啟福大哥。長一輩的常見面的除了父親和大爺外有惠麟二叔、慎柳堂的芝麟大叔（外號大迷）、丙麟大叔等；長兩輩的除務本堂三爺爺之外，還有慎柳堂的六爺爺和八爺爺。

1945年日本投降前，惠麟二叔籌備經年的添福小學正式開幕。新起的校舍在五院正門（有旗杆石墩的）前的廣場西首。二叔從外地請來幾位教師，都是年輕人，有曲阜來的姓程的教務主任，胖乎乎的愛說笑話。啟福哥嫂科班出身，都做了老師。有四、五班學生，上面提到的五院的弟弟妹妹都入學了。

可惜好景不常，抗戰勝利不久寧陽縣城解放，地方上展開清算鬥爭，地主四散奔逃，添福莊的夕陽西沉了。

（二）崔家大伯──老娘家[16]

崔家大伯是村莊的名字，離縣城十多里，就是老娘（外祖母）家。我念縣中時住老娘家的城宅（城裡的房子），周末又常去老娘家過，我一生中在老娘家得到很多溫暖，受到很好的照管，終生享用不盡。親友們把老娘家比作紅樓夢的「寧國府」，老娘就是府裡的老太君（賈母）。

那時大舅已過世，大表哥崔怡同頂他們一支，二舅崔會之是名中醫，他們兩家輪流負擔這一大家的家務，包括老太太、常住的親戚（大姨夫婦）、來往親戚等等。我喜歡來是因為有吃有玩：吃的總是很好，尤其愛吃廚子廣如的甜食「一品鍋」，是用山芋泥包豆沙餡做一個圓盒

---

[16]　附錄5「我的外祖母」。

子、炸黃了澆上糖汁作成；再來是紅燒雞的雞頭，有一年老娘過生日，我到周末才來，妗子給我留了一沙鍋雞頭。

　　1945年縣城解放、學校停了，家鄉開始清算鬥爭，我住在老娘家避難，二舅送我進私塾念古文，老師姓劉，很有見識，教我熟讀了五十篇古文，終身受益。

第
二
章

流
離
的
少
年

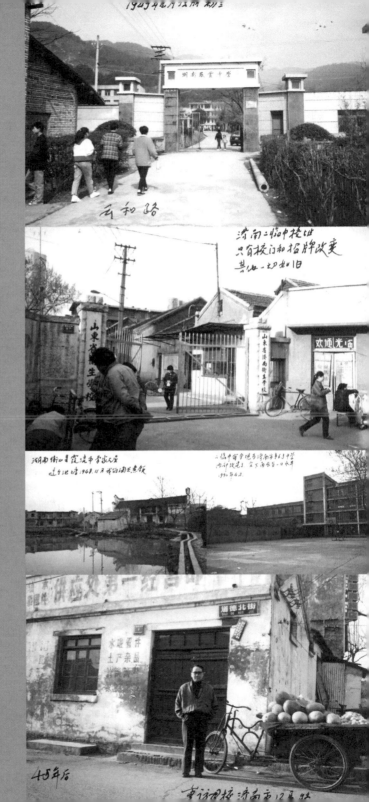

1989年某月法所 初三

雲和路

濟南二帕中搭进
只有校门和招牌改变
其他一切如旧

山東省濟南衛生學校

湖南衡山县窟流市贫农之居
选年此時1968,11月 赴的詩集東快

二帕中原学课为濟南市第63中学
内部设务3 外表看着一口水井
1990年6月

供應父第门红

45年后

電访图报 濟南市12尼社

一、初入軍營

　　1945年11月我跟父親逃到濟南。我們先投奔大姨夫張巨川，他和汶上的表姐夫孔令溪先來濟南借住張家親戚的房子。我們父子和他們翁婿合住一間日式榻榻米房子。表姐夫擬訂了我們共同生活的規則，即日實施。

　　第二天我跟父親去看德麟大叔，這時何思源做了山東省政府主席，他當教育廳主任秘書，住城裡東西菜園子街24號。守真堂的全體老少都來了，三爺爺、三奶奶、二奶奶、二叔、三姑和兩個幼兒、還有小麟哥黃泰……。這是省政府配給的房子，有兩進院子，後院住著大嬸子娘家王家，進門三間是客廳，我們都在這裡見面。

　　二奶奶患乳癌，內服中藥並以中藥洗傷口，煎藥療疾都在客廳進行，進門藥氣撲鼻；三姑經常帶著兩個孩子在客廳活動，孩子哭鬧不在話下；惠麟二叔終日借酒澆愁困頓潦倒；黃泰哥抗戰後期從二姑家出走從軍，當了孫立人的青年遠征軍，參加反攻緬甸之役，勝利後分發至山東大學讀書，本是好事；可是他在東北結識的日本女友，被遣送返國，正陷入失戀的深淵，不能自拔；山大不去報到，自囚在家。外縣市大都解放了，逃難的親友來這裡求助的一日數起，這就是1945年底德麟大叔的景況。

　　大叔介紹父親去寧陽同鄉會去住；介紹我和啟杰大哥以及曲阜來的二娃哥孔祥勛去他抗日游擊戰友武營長那裏當兵。

　　寧陽同鄉會有一棟四合院的房子，由國民黨縣黨部書記張竹泉管理，張先生還辦了份小報。後來父親搬去那裏做了賣香煙的小販；不久二哥啟禛也來住在這裡。

　　我和啟杰、祥勳三人去第四兵站總監部監護團第三營見武營長，營區在濟南南郊，其實是當年日軍的一處倉庫，存有各種軍需物資，範圍很大內有小火車運行。他們二人下連當兵，我年齡和尺碼都不夠格，留在營部當勤務兵，給營長沖茶倒水、洗刷跑腿。這時我將滿十四歲，正式穿上軍裝。

　　第一個假日我去姨夫那裏看父親。連日下雨、到處有積水。走過一片荒郊，在一個坑窪裡赫然躺著一個小女孩的屍體，約有十來歲，下體半裸，死狀悽慘。

　　營部原來有一個勤務兵名叫張群章，比我稍大教我做事；有兩個營長的衛士一個姓王、一個姓張，屬於營部的勤務小組。濟南的冬天陰雨連綿；軍營中工作無聊，度日如年。思念著家鄉的母親和弟妹不知被鬥成什麼樣子，每當黃昏最是難過，常常獨自飲泣。這樣的景象和情緒在心靈上留下深刻的烙印，每逢風雨黃昏就會引發傷痛。

　　有一天全營操練，行軍穿過市區，迎面遇上縣中同班龔仲瀛，二人只能對望招手；他已入學讀書，心中倍感悽涼。

（一）第一次出手

　　我從未放過空閒的時間，不停地溫習舊課，尋求新讀物；張群章人很正派，對我也友善，但卻嫉妒我讀書，常在我用功時叫我做事。我已經隱忍了很久，有一次他把我的書也丟了，我就動手了，兩人扭在一起，把他的胸章符號都址下來。營長叫兩人跪下，各抽五馬鞭，然後再問情由。過不久他叫我到他辦公室，問我一些讀書和家庭情況，然後他說：

「我供你讀書吧！從今天起你不用做勤務，只管準備功課參加升學考試，考取了就上學去」。

（二）武營長和德麟大叔

武營長名彧生，山東沂水人，抗戰時期他做國民黨沂水縣游擊司令，與德麟大叔共過患難，他是當時的國防部長秦德純的外甥，才有這份工作。我就在1946年暑假考進省立第二臨時中學，再從初一讀起。

（三）濟南第二臨中（濟南市1946/8－1948/9）[1]

國民政府為收容淪陷區逃來的學生成立了五所臨時中學，師資和設備都有相當的水平。二臨中設在十二馬路道德北街，校舍是日據時代留下來的；校長蔣士建（號尹生）是在日本留學的，四十來歲、瘦長身材、留著短短的仁丹鬍、很有威嚴。1946年高中有三班，初中較多，共約五百人。一半是濟南當地的學生。外縣市來的可以住校，宿舍在附近一條街上，是工廠改建的，院子中央還有座高高的煙囪。我們住的房子中間是走廊，兩側是大房間，每間有兩排大通鋪住十多人。

---

[1]　附錄6「夢回泉城」。

　　二臨中的老師印象最深的是教數學的劉老師，山東益都人，高個子排球打得很好，老師隊比學生隊還強；他給我們小代數打下厚實的基礎；他也是我們的級任導師對我們非常關懷。國文老師姓管，上海暨南大學畢業，書教得非常好，他是膠東人，帶了侄女管遵鶴和侄兒管遵恭逃到濟南，二人都和我們同班。體育老師翟國安兼管我們的宿舍，籃球好手，後來也到了流亡學校，到台北教過書，最後隱居草山。

　　我在二臨中有幾個要好的同學，第一個想到的就是趙光雲，聰明俊秀、功課很好，二人最投合；他父親是濟南的青壯年資本家、惠豐麵粉廠的老板。濟南城陷我流亡江南和他音信不斷，有一度他曾想到湖南的流亡學校找我，兵荒馬亂沒有下文，直到台灣還接到過他的來信，說他進了北京的外語專校。張樂庭人很穩重，外號張大牙，他有一段曲折的身世，從小被張家領養，濟南解放不久他蘇州的親生父母把他領回歸宗改姓名為林華，我們流亡江南之時他也到了蘇州，我在湖南接到他的信，可惜未能一見。張文煥比我小一兩歲，住同房間，很愛聽我吹簫，躺在大通舖上，月光從窗子照進來，他說大家安靜聽他吹奏。簫聲悠揚悽婉，這個情景留下深刻的回憶。[2]

　　我頂著兵名字，每星期一從軍營來上學，星期六放學歸營。軍中有特別勤務，如檢閱、點名我就向學校請假歸隊；第一年我常穿著軍服來去；尤其是冬天我有件修改過的呢大衣和一頂軍帽。

　　到營部過周末的還有營長的大兒子；武營長有兩個兒子，老大武傳達比我大兩歲考進五臨中，功課很好，後來成為我終生的

---

[2]　張文煥也到了台灣最初取得聯絡約在六十年代前後，他好像在澎湖的情治（公安）單位工作，迄未見面，後來斷了音訊，不知所終。

兄長；老二傳達與我同年，未能入學在工廠做工，到台灣以後也沒再有讀書的機會，成為他終身遺憾。

學校的功課對我是輕車熟路，初一我已念過；生活雖窮苦，但過的是正常的學校生活。伙食每天兩餐混合麵窩窩頭，我們叫「金黃塔」，大頭鹹菜和一大鍋不見油星的青菜湯水。我從小挑吃，這時更是見飯愁；從飯廳出來就肚子餓，下了晚自習走在回宿舍的路上，看著路旁的小吃一路口水漣漣。

由於長期營養不良，人很瘦小羸弱。有一次校中舉行體檢，發現我有肺病症狀，要作治療和進一步檢驗，這個消息傳到家裡。有一天傳達室工友到班上找我，說傳達室裡有人等你。我跑去一看竟是我大哥啟祿；這時父兄都已回家，聽說我生病，籌措了四百斤黃豆油送來濟南，變賣了錢給我治病。兄弟相見悲喜交集，相抱涕泣。四百斤豆油改善了我的伙食，我的肺病就沒有下文。

初一下學期（1947春）開學不久，濟南市各中學初中一年級舉行一次會考。由教育廳派督學到各校監考，十分隆重。我考了全濟南市第一名，榮獲國際獎學金[3]，為校爭光，一時成為風雲人物。但自己心裡並不榮耀，因為重讀初一，不算公平競爭，有投巧的感覺。回到營裡長官和同志都為我高興，武營長更是喜出望外，也給苦難中的家人帶來欣慰。1947年寒假我決定回家看看。

坐火車到大汶口下車，走三十公里摸黑到添福莊，才知道家人又逃了。大爺大娘安排我住下，啟福大哥也在。大爺是地方上唯一的醫生，大哥為共產黨坐過日本大牢，鬥爭地主過關；其他

3　曹鼎堉也上榜，他告訴我名單在香港「新聞天地」發表

各院本家都公開批鬥、掃地出門。父親和兩個哥哥逃去兗州，母親帶著姐姐和兩個妹妹去葛石店躲藏。

第二天我去葛石店找到母親和姐妹，她們住在張家親戚荒廢的一個院子裡，帶出來一點行李和用具，臨時安頓。我是1945年11月跟父親去濟南，到這時1948年元月農曆春節，兩年以後再回到母親身邊，雖然憂患無窮，前途險惡，但仍然慶幸重逢。她們這兩年在家中慘遭修理，過著暗無天日的日子；而我這兩年更是曲折離奇，卻不料最後柳暗花明又入學讀書，母子、姐弟有訴不完的離緒。

這天是舊曆除夕，母親還做了點過年菜和餃子，誰不小心把一個陶土盆子摔得粉碎，母親滿臉驚慌，不停地圓禱：「碎，是歲歲平安！」

這個村子有八路軍駐紮，紀律很好，不擾居民。這時共軍占面（鄉村），國軍占點（城市）、占線（鐵路）；共軍把兗州城團團圍住，國軍武化文的部隊嚴守城池，相持不下。這時山東省民政廳廳長彭國棟（湖南才子，北大國文系畢業）奉派到兗州做省政府魯西南辦事處主任，下設三個小組，德麟大叔擔任第一組組長，隻身上任。

我在二臨中讀書期間也抽空去德麟大叔家走走。三姑和小麟哥都和我有深厚的感情；在那裡也能遇到孫九哥和三表妹，表妹孫鑫（後改名為欣）我從小喜歡她，三姑知道我的心事常提示我「你三妹妹今天會來」。可是這兩年大叔連遭變故，他的父母和伯母（二奶奶，他過繼）和弟弟（惠麟二叔）都先後過世，三位老人的喪事都依舊制，他披麻帶孝送葬，這些事故我都參與了。

濟南城陷他化妝逃到青島轉去台灣，小麟哥黃泰陪伴母親留在濟南，這一別便成為永訣。

（四）圍城

1948年9月17日（中秋節），濟南守城的國軍勁旅武化文部隊兵變，共軍只開了幾砲就進城了。我從宿舍和同學走上馬路，滿街都是逃竄的民眾，商埠（當時指老城外的經緯路商業區）已停止戰鬥，城內槍砲聲未停。濟南的守軍原來準備死戰，修了各種防衛工事如：街頭碉堡、戰壕、鐵絲網……，這時他們已撤走，共軍正清理一些障礙物。

我本可隨眾人離開濟南，但因一個包袱寄存在朋友家中，內有四嬸子送我的一塊古玉（清廷官員的玉帶頭扣），就一個人穿越大街小巷翻牆越脊，終於取回寄物，再走出濟南。

逃難的人潮向南流，扶老攜幼，挑擔推車；忽然看見四個年輕人抬著一個老者，後面緊跟著一人，正是我們二臨中的地理老師劉某，他是北京名校畢業的，有一個年老殘障的父親，在朝會上對全校師生作過「開發西北」的專題演講，很有才華。他們這一夥有十多人。我跟他們走了一程就轉上回寧陽的路。

漸漸地遠離了濟南逃出的人潮，天黑了在一個小廟裡過夜。第二天傍晚走到汶河渡口，正趕上一隻小渡船，船不能靠岸大家涉水上船，約有十多人都是本地的鄉民。划到對岸天已大黑，仍然不能靠邊，下船後大家一哄而散，前行幾步忽然水沒腰際，回頭是汪洋一片，天上烏雲蓋頂，雷聲隆隆，大聲呼救毫無回應。只好繼續前行，終於摸上沙灘。在船上已問明下船不遠就是黃家崦，離家不過二里路。

　　我沿著玉米田往前走，忽然聽見人聲，不敢貿然出來，先躲起來看是什麼人，他們走近了，發現是一群一絲不掛、拑著農具的村民，我就跑出來問路：「黃家崦怎麼走？」一個年輕人走來問我：「去黃家崦找誰？」我說找唐季安（我們的佃戶），他看了半晌說：「你是添福莊的三娃吧，跟我走」。

　　原來他們是去修河堤的，近來沂河汜濫多次，堤都沖壞了。

　　唐季安夫婦把我留住過夜，給我換上乾淨的衣服，一夜安睡，第二天悄悄地溜回家中。這時全家倒團聚了，掃地出門再回來一家人擠到後院廚房裡；父兄都決定接受改造、不再逃竄。地方上的政治運動放緩了一點，地主們又得喘口氣。土改還沒開始，好心的佃戶還給我們送點糧食。

二、北雁南飛

　　我決定繼續南下，父母把幾經患難始終珍藏的三個金戒指都給我帶走；先去老娘家辭行，時當1948年舊曆八月下旬。在老娘家與喪妻不久的啟祥二哥相遇，他是逃避家中的清算鬥爭來岳家做客的，每天酗酒、哭哭啼啼；這時大表姐難產喪命的事還瞞著老娘，她是風燭殘年，啟祥的出現很不適宜。我和他深夜長談，勸他參軍投共，送他先去曲阜。

　　第二天長工董四送我南下去濟寧，在村頭遇到外出回家的大表哥，他聽說我是遠行，口袋裡摸出兩塊銀元塞到我手裡。去濟寧還是找孔令溪表姐夫，他為人總是很靈活，這幾年雖然在戰亂中卻也是做買賣的大好機會，在這方面他已經創下了可觀的基礎。現在他以濟寧為據點發貨到徐州，再從徐州帶貨回來。董四帶我步行，我們走了一天的路，午飯在中途打尖，晚飯時趕到濟

寧，二人都想找到孔姐夫可以好好吃一頓，誰料到孔姐夫宴客去
了。他剛得了兒子今晚請吃喜酒（表姐前邊生了幾個女兒）。櫃
上（辦公處）沒人，我們兩個飢腸轆轆坐著苦等，等到深夜他終
於醉醺醺地回來了，說沒幾句倒頭就睡在床上；倒是問了一句：
「你們吃飯了吧？」可是在那個時代，鄉下人不會說「沒吃」；
而且餓肚子是「家常便飯」，習以為常，不算回事，就這樣我們
也睡了。

　　第二天董四回去，我就在他安排下，跟他的運貨馬車搭船向
徐州出發。

　　運貨車是兩個大汽車輪胎架上一張平板車廂，上面裝滿糧
食布匹，由一匹馬拖著。車和人都由船運走，路線是沿濟寧的
運河，進入南陽湖，就是水滸傳中的「梁山泊」，再下去是微山
湖，一直航行到徐州附近，棄舟登陸，馬車才排上用場。

　　南陽湖歷來土匪橫行，這時除了傳統的劫匪，還有散兵游
勇、行險的飢民，都在蘆葦中出沒。我後來在流亡途中，以及到台
灣以後遇到過許多當年在這個湖中被打劫的人。很多人把錢財留
下、衣服脫光，還有更兇殘邪惡的暴徒劫財劫色、任意殺人。也許
是運氣，也許是經過安排，我們這條船一路風平浪靜，平安到岸。

　　運貨的人路途和關卡都熟悉，進了徐州城很快進入他們的貨
棧。他們開箱取出隱藏的私貨，在馬車的大輪胎裡、車子的橫軸
裡都有私貨，一包包取出來，裡面是什麼就不知道了。

（一）淮海大戰（台灣稱徐蚌會戰）前的最後一班列車

　　當天我就背著行李去投奔寧陽鄉尹的表親，也是曾在曲阜
落戶的曹傳安表叔。這位表叔一表人才，家中富有，表嬸是曲阜

有名的美人；不但明艷動人而且氣質高雅，來自京津，一口京片子。表叔嬸親切接待我，告訴我曲阜孫家的幾位姑娘也在他們家住過幾天，才去了南京。

第二天一早辭別表叔背上小包向火車站走去。這時國共雙方在這一帶集結了重兵準備決戰，這就是有名的「淮海戰役」前夕。徐州城被共軍層層包圍；但鐵路線還能通到南京。四鄉逃來的難民紛紛奔向火車站，都想搭上南下的火車逃出這個火藥庫。大街上有指揮交通的崗亭，有個警察正吹著哨子、打著手勢指揮過往的車輛和行人，忽然一部載重的軍車飛快地衝向崗亭，霎時間亭子和警察都撞翻在地，軍車揚長而去。這個驚人的慘酷場面在我腦海中留下抹不去的烙印；後來與人說起，他們說這是司機在出氣，因為警察得罪過他；可是並沒引起現場人們的太多注意，自己逃命要緊。

走到車站更是一片混亂，人都擠在月台和路軌上停著的列車上。許多人從一個列車上下來跑向另一列車。我向一些人打聽消息，各有說法，總之大家只有一個目的：「搭上南下的一班車」，可是誰也不知道到底是哪一列車要開。正在徬徨時，有人叫我的名字，竟是縣中的同班、濟南的同學龔亞洲。二人在這個地方相遇喜出望外，跟著眾人在列車間穿來跑去，最後爬上一列據說要開的火車，我吊在登上車頂的腳踏梯上；有個青年軍官對我說：「小兄弟，這樣不行，車子一動你就摔下去了」。我說：「不管，我非走不行」。他就請上面的人拼命擠出一個空子叫我坐上去。這是個救命的恩人，我看清他胸章上的姓名牢記了數十年，現在只記得姓周。

車頂上的人都用繩索把自己捆綁在鐵柱上、氣窗上或對面的人身上。這班火車真的開動了，這是徐州大戰前夕開出的最後一班火車，我們已在車站上折騰了兩晝夜。

車子開動後好像寬鬆了一點，第一站停車，有小販賣燒雞，我買一隻來吃，其味之美從未之有。車經一個叫光明的車站，有一路橋甚低，車頂上的人都拼命壓低了身體，橋頂搓著頭頂而過，驚險萬分。

在徐州搶搭火車時與亞洲失散，到南京下車重逢才知道他在爬上車時失手墜地扭傷腳，還到城裡衛戍司令部交涉才得趕上這班車。

（二）最長的旅程、最慢的火車

總算平安到達南京，深夜到浦口再乘渡輪到下關車站，教育部在車站設有流亡學生接待處，我們去辦了報到手續，分配到濟南第三聯合中學，校址在湖南衡山縣，由校長王志信[4]領隊，王校長山東諸城縣人，南開大學政治系畢業。濟南逃出來的人在南京只遇到崔占安，他是濟南遺族學校來的，三人結成一夥成為終生好友，至今往來不斷。在下關車站等候專用列車開去湖南，我們抽空也到市區逛逛。

到南京市區急於找書店，因為正看魯迅的小說「吶喊」、「徬徨」，找到書看幾個鐘頭就趕著歸隊。到杭州亦復如是。專車走得很慢，從南京開出轉浙瀚線到南昌、到株州轉粵漢路南下

---

4 王志信（1909-1999）山東諸城、南開大學政治系畢業。關於湖南流亡學校的各種情況參考王志信著「前塵往事憶述」，山東文獻雜志社出版。

到衡山，走了半個月。當時報上有個出名的漫畫，畫一個小孩買半票上車，下車要補票，因為他已長大成人。

（三）第三聯中──衡山縣霞流市李家大屋

我們1948年11月15日由南京出發，24日到達衡山縣霞流市李家大屋住下，這裡是當地的世家，曾國藩湘軍的提督李某人的家廟，已經荒蕪，可避風雨而已。房舍很多很大，曾駐過軍隊，也做過野戰軍醫院。一進門是個大院，進去有好幾層四合院，各院之間有走廊相連。

學生第一、二、四大隊住李家大屋；第三大隊住李家祠堂。女生住樓上；男生住樓下，舖上稻草睡在草上。趕上當地的雨季，每天陰雨連綿下個不停，好不難過；天陰雨濕，大家都長疥瘡、生蝨子。偶然放晴，太陽出來，大家興奮不已，紛紛到郊外活動，洗衣服、曬舖蓋、捉蝨子、玩遊戲，常玩小手球，我和亞洲配合得很好，常把別人耍得團團轉。

王校長每天奔走與湖南省[5]和地方政府以及李家大屋的主人、地方鄉紳各方面打交道，為全校師生尋求衣食和同情。初到時沒有炊事設備，學生按隊分組，每組幾人領了大米到農家借廚房做飯。我和亞洲、占安三人一組，領了米找到一戶農家，夫妻二人有個十來歲的兒子和一

湖南衡山縣霞流市李家大屋
連生池塘1948.11月我的淒王素飯

---

[5]　湖南教育廳長王鳳諧，留美博士，對山東流亡學生全力支援，來台後出任國立編譯館館長。

個十七、八歲的童養媳，很友善可惜言語不通，常需打手勢。他們的院子也是曬穀場，前面是個池塘，這是飲水和洗滌的水源；他們喝生水、池塘裡的水拿起來就喝。

同時校方積極籌備設置伙房，組織伙食團；派人去衡陽採購炊事用具、僱用本地伙夫、學生選舉伙食委員，總務處進行監督，不久大伙房開飯了。做出來的飯很好吃。記得他們先把糙米煮半熟後再撈到大木桶裡蒸，有一種特別的木頭香味。

名為濟南聯中實際上真正濟南出來的學生只佔很少一部分，因為當時在南京辦理登記，蘇北出來的學生和難民都去登記，從戰亂中逃出對身份證明也不能嚴格要求，所以濟南三聯中各地來的都有，濟南來的同學除我們三個，還有四臨中的季萬青、姜亦賢（後改名姜震），蘇北一帶來的段彩華、段彩霞兄弟、臧元俊（年紀最小）、郝秀琮、秀炎兄弟等等。

不久到了舊曆年，我們三個想包餃子過年，有米沒麵，我們帶了米到以前做飯的農家，把米碾成粉，包不成個，一煮全破了。

王校長和老師們也積極展開教學工作，認為這是他們的基本任務，也大略分了班；學生自己有很上進的，早上讀英文的不少，季萬青、姜亦賢程度都好；老季有生意頭腦，他從衡陽辦日用品來校內擺攤子（他到台灣以後很快就進入這一行）。過年不久我們也去衡陽市逛逛，把一塊大洋在銀樓換了現鈔，我們進了家小館，第一次吃竹筍炒肉絲，「世間竟然有如此好吃的東西！」

（四）南岳──震華文學院和岳雲中學

濟南淪陷前不久有一個私立震華文學院成立，校長王玉圃是教育界一匹黑馬，他到南京教育部拿到濟南第六聯中的名義，招

攬了原來震華的一批學生和就地登錄的一些學生，在衡山南岳市商借（或租賃）嶽麓書院的校址，掛上湖南省主席程潛題字「私立震華文學院」的招牌，就地招收新生（學費很高）。同時他與岳雲中學合作（可能是買下）與濟南第六聯中掛鉤。

　　守真堂大姑家的孫九哥（原名孫錫鈞，改名孫衡）是震華的老班底，他和幾位老友來到南岳市成為老學生和校長的支柱。1948年2月下旬我到南岳去看他，南岳市是個一兩萬人口的小鎮，滿街都是北方來的學子，比我們在穿著和神情上闊氣。他們是大學生，有些是政府機關的公務員來投奔這個學校的；寧陽縣大伯集老娘家有個本家叫崔怡成的，三十多歲原在南京內政部工作多年，跑來震華當起學生，他帶了全部家當而來，穿著講究，儼然是個教授的派頭。寧陽縣石家集的周仲康表舅，也是曲阜逃難落戶的，在曲阜時他文質彬彬，是出名的青年書法家，現在學校做文書工作；他的本家兄弟周序雨，濟南市立高中畢業，程度很好也在這裡相遇。岳麓書院的校舍很堂皇，掛上湖南省長程潛題字「震華文學院」的招牌，許多知名教授都排上課了，好像錢穆、胡適之都上了榜。

　　孫九哥替我安排到岳雲中學借讀，馬上辦了註冊手續，正趕上初三下學期開學。在那裏借讀的流亡學生三、五人而已，因為震華並未接受一般流亡學生。

　　我回到李家大屋與亞洲等告別，心中懷著歉疚捨他們而去。

　　岳雲中學歷史悠久，是女作家丁玲的母校。從南岳步行穿過
稻田農村，再走過山間的一道瀑布，山洞叫「水簾洞」，大約一
小時可達。宿舍和伙食都是正規學校標準，課堂上有的老師鄉音
重不易聽懂是唯一困難，總的說是一所很有水平的中學，慶幸自
己竟然有這樣的際遇。

　　這段時期在水簾洞附近遇到曹鼎埼和孫寧生，鼎埼是汶上縣
人，濟南出來的學生，日後一起到台灣，相交一生；孫寧生是濟
寧孫家和孫衡同宗，此後不久他們都跟震華逃到廣州東山華夏中
學。可是這時國軍已在淮海戰役中大敗，共軍兵臨京滬，內戰已
呈一面倒之勢。表哥孫家的產業先轉移天津，再轉到京滬，大姑
夫孫篤承現在坐鎮上海，資產都集中在那裏。孫衡要緊急趕去上
海與父母再見一面，他一路驚險萬分卻慶幸逃回衡山。湖南也吃
緊了，各聯中都準備退往廣州。

　　1949年3月底龔亞洲到岳雲中學找我，但不巧未能遇上，他給
我留下一封信說，共軍就要渡江了，學校撐不下去，不如早走，
他和崔占安等都已應徵參加台灣孫立人將軍的陸軍幹部訓練班，
勸我與他們同行，去長沙報到。我仍貪戀眼前的這個環境，孫衡
為我安排花了許多苦心，他去上海未歸，我也不能就走。

　　熬到五月，震華文學院也匆匆撤退了，像濟南、像徐州同樣
的場面，紛紛趕搭火車，爭先恐後，因為火車隨時會停駛；可是
這時孫九哥躺在南岳市立醫院的病床上，他從上海回來不久就病
了，大腿上生瘡，剛才開刀治療要躺幾天才能起床，醫院在山上
我陪他三天，他能下床了，就急急出院下山，當時流亡學生坐車
住醫院都免費。他扶著我的肩膀、拄著根棍子走到鎮上。這三天
的變化可大了，小城人去樓空一片冷清，看不見一個北方學子，

當地的新生也都不見了，小城又恢復了原來的秩序。我們乘汽車到衡山，火車還照常行駛，搭上去廣州的班車。到了廣州打聽到震華文學院借住在東山華夏中學，我們找到後又歸隊了。

周仲康表舅本來和大夥從衡山上車，可是他在中途車停時和大家一起下車休息，不小心誤了這班車，而且遇到阻礙，比我們還晚歸隊；他本家的侄兒愛民和覺民兄弟二人這時也加入震華的一群。愛民濟南明德中學高中畢業，在濟南就進了震華文學院；覺民是濟南第五臨中，到江南編到長安鎮濟南一聯中；還有一位山東泗水的喬修權[6]很有識見，常和我討論時事，現在都結成一夥。

華夏中學有籃球場，我經常跟幾個好手練球，孫寧生籃球好手常指點我練球，也交了幾個新朋友，他們說我動作靈活、姿勢優美，前途無限，給我很大鼓勵。

抗戰勝利後，我在曲阜的童年好友嚴向東的姐姐其豐曾回過曲阜、接祖母和妹妹到廣州，因為她父親任職廣州電訊局，我就寫信聯絡，不料向東果然來看我，他在當地念高中，說著一口廣東話。帶我去看了其豐和家人，真是他鄉遇故，感慨萬端。

雖處逆境而玩心不退，記得還從其豐家借來麻將，在華夏中學一間破屋中打牌；興致來了也去市區遊盪。一天晚上周序雨和他好友李某跟人去跳舞廳白相，遇到抓兵的把領頭的幾個抓走，他們兩個狼狽逃回，嚇破了膽。台灣的海軍官校在廣州招生，周序宇去報考但未等放榜他和老李都被中共統戰回頭，參加了南下工作團[7]。這時湖南的各聯中校長會商後與台灣當局協議，將各校

---

[6] 我們求是齋大爺家的四姑嫁到泗水喬家，喬修權後改名喬笠。

[7] 周序雨1957年被打成右派，發送新疆，二十多年後平反回到曲阜，在街頭替人織補衣服。

學生送往澎湖充實兵源，有一定保障條件[8]，他們於五、六月間到
廣州，六、七月分兩批到澎湖；震華自始不與他們為謀，可是王
校長到此時也沒了主意，許多人都找他，學生要吃飯、債主要討
錢，有一天在華夏中學被人包圍，警察來把他救走。

三、繼續南飛

（一）八千山東子弟會師廣州——送入火坑

　　濟南城陷時省主席王耀武化裝潛逃被俘，國防部次長秦德純
兼任了山東省主席，1949年九月他召集了滯留在廣州的山東流亡
學生上千人在黃花崗聚會，勸大家到澎湖去參加澎湖防衛部的學
兵隊。秦德純，山東沂水人，保定軍校出身，和澎湖防衛司令李
震卿關係密切，五月間他已經把八個聯中的學生送去，現在來遊
說我們。

（二）秦德純錯在哪裡？

　　秦先生一心為山東子弟謀一去台出路、和他的老部下澎湖防
衛司令、四十軍的軍長李鎮卿達成協議：去澎湖當學兵，一半軍
訓、一半讀書，還可以參加各種考試，至於女生和年紀小幼小的
另成立學校。豈料李鐵頭的四十軍只剩下幹部，有官無兵，學生

8　見王志信「前塵往事憶述」第三章十三節「遷台與結束」。

一到立即編組，老師[9]出面交涉，被誣為匪諜處死。對學生施以血
腥鎮壓[10]造成二二八之後的最大慘案。[11]

（三）要當兵去台灣，不去澎湖

　　我說要當兵去台灣當，何必去澎湖？於是我們一夥聯繫上高
雄要塞招攬學兵的辦事處，1949年8月底登上一艘坦克登陸艇駛
向台灣（麗華輪），逃過了澎湖火坑。這條船載了廣州撤退的機
關、眷屬和新兵，共三千來人。我們坐臥在舺板上，風雨飄搖航
行了三天兩夜，到達高雄。

四、重走流亡路041994

　　流亡時期未能留下相片，故於1994年4月重走流亡之路：訪
問了衡山縣霞流市李家大屋，還遇到大屋的主人、憶述當年的往
事；也去了南岳市和岳雲中學、並查出當年註冊的檔案；到濟南
找到十二馬路道德北街二臨中校址（現在改為衛生學校）以及當
年的宿舍（現在重建的濟南市63中學）。

9　煙台聯中校長張勉之、國民黨忠貞黨員和另一校長，竟被誣告為匪諜，
　　捏造證據，押送台北軍法審判處死。

10　《山東文獻》中有收集被鎮壓者的憶述。

11　這個事件已經比照中共的辦法「平反」受害人進了忠烈祠，家屬受到撫
　　慰；前台大校長孫震寫過多篇紀念文字；經歷其事的苑覺非校長曾在張
　　校長遇殉難的四十周年組織紀念儀式，並出版文集，這些資料山東文獻
　　委員會都可以查閱。

第三章　奮發的青年　飛躍的羚羊

一、再入軍營

先到五塊厝營房整編和組訓，廣州的一夥人到如今落在一起的只剩下：我和孫衡、周愛民、周覺民；曹鼎堦分到另一營區，其他人去了別的單位；從別處來到這裡的老鄉有寧陽甯家莊的甯延渭和他侄兒甯鴻景（後改名甯奎）以及寧陽縣在國共鬥爭中的游擊戰士、張子明縣長的手下王現才、孔慶金、徐殿君等人，泗水縣的黨書記丁子清做了連指導員。我們都編在一個連，番號是「高雄要塞司令部守備團第三營第一連」。連長也是泗水縣的政黨幹部，沒有一個職業軍人。大家換上軍裝、也發了武器；幾個打游擊出身的老鄉撫摸著剛領到的日式三八步槍和機槍也像久違的好友，他鄉遇故知，捨不得放手。

九月下旬南台灣的天氣炎熱，營區四周有許多攤販，也有收購破爛的，不記得我哪來的一床棉被，如今一無用處就換了幾斤香蕉。整編之初，訓練剛起步，孫表哥腦筋快，他說：「我要溜了」，從此他就和軍隊絕緣，一頭鑽進商業圈子裡[1]。

（一）五塊厝的新兵訓練

很快陸軍總部派了一批教官下來，是孫立人親自調教的第四軍官訓練班新出籠的幹部。到我們連上來的是二十二歲的湖南人賀建，他不僅軍事動作乾淨俐落、頭腦急智靈活，而且充滿了愛國激情和領袖的魅力，所以他能帶動我們這一群烏合之眾；青

---

[1] 在台灣的青年極少沒受過軍事訓練的，學校裡有軍訓，畢業要進正規的軍訓班，普通老百姓一到成年就得入伍當兵；孫九哥都不歸屬在內，一生沒受過軍訓，說是幸運也好，「可惜」也好，軍事訓練對一個人的生活習慣，甚至思想觀念都有些好處。

年學生也好，游擊英雄也好、地方幹部也好都心悅誠服、努力要把科目學好。要從一個「活老百姓」（他罵我們的口語）變成一個精悍的戰士；可是訓練的日子並不有趣，相反地是非常辛苦、非常無聊，像在烈日下踢正步、打野外、擦槍械、整內務、修環境……。槍要擦得雪亮，白手套握上去不留痕跡，還要蒙上眼睛拆裝；內務要一塵不染，毯子摺得像豆腐塊；院子裡的草也要修剪地有邊有稜；許多工作都是做好了拆，拆了再做，目的就是磨你的心性。

　　孫立人親傳的新兵訓練六個月一氣呵成，我曬成黑炭，身體精壯、氣宇軒昂。由於過去長時間在逃難中營養不良，生活散漫，這六個月的軍訓，生活規律、飲食充足；除了操課我又愛好運動，營裡的籃球選手，單雙摃也會幾手，六個月的辛苦一生享用不盡。

　　到高雄不久便和龔亞洲他們第一批志願從軍的聯絡上了。亞洲來五塊厝營房看我，我們也相約在假日出遊。他們初到時是接受了士官訓練。亞洲不久調到台北聯勤單位做器材管理員，退休後仍做這類行業；崔占安又進裝甲兵學校深造，一生在軍中度過。他們二人都娶了台灣太太，是有名的賢妻良母。

　　到高雄不久也與德麟大叔會面了。原來他從青島坐山東省政府撤退的船到基隆，他在高雄鳳山區工業職業學校找到一個教高中國文的位子，已暫時安定。校長是他的老友魏隸九，安置了好幾個山東老鄉，原來濟南向村中學校長、流亡學校第五聯中校長毛宜庭也來這裡。

（二）高雄要塞司令部無線電訓練班

訓練行將結束，團部要選拔幾個少年兵到司令部通訊連學習無線電報務通訊，我和周覺民都被選中。司令部通訊連成立無線電訓練班，1950年3月開學，連長洪侯是要塞司令洪士奇的侄兒，黃埔出身，非常自負，有少爺連長之稱。班址在高雄西子灣內的壽山上，環境清幽；班主任也是第四軍官訓練班出身、職業的訓練師，頑強固執，非常嚴厲，他掌管軍訓紀律；總教官張克家是一位無線電通訊的資深教官，他精通電學的原理和實務，傳授我們無線電通訊的基本理論和實際作業；諸如電學原理、收發報機結構、變壓器製造（纏線圈）；關於收發電報的技術則由通訊連的報務員擔任，我們學習發送及抄寫莫爾斯（Morse）電碼，這是主課，每天總有幾小時，負責教這一課的是一位年輕的報務官蔣燿榮，籃球打得好，與我們成為好友。

學員都是各單位選拔來的優質少年，合得來的有以下幾人：陳光宗（後改名陳耀祖[2]）山東膠縣人，青島市中高二肄業，中英文都好，父親是教授，叔父在青島要塞工作，1949年撤退把他帶到高雄要塞砲台當兵。周覺民就不用說了，金遠勝年紀最小，張萬超身高體健，吳惟一來自上海，也有高中程度，杜佐漢湖北人，短小精悍。

課外活動很豐富，每天都有籃球打，陳光宗球打得最好，周覺民也打籃球，那時籃球是很盛行的。星期天放假常去看電影，軍人有免費票，看了不少美國的戰爭片和西部片，像「最長的一日」、「原野奇俠」都是這時期看的。有一天我們七個小兵在愛河邊上合影一張，保存了幾十年，現在不知夾在哪裏。

2　他與軍中另一人同名，這人的官階高，國防部人事局就給他改成燿祖。

　　我們還辦過一期壁報，陳光宗和我包辦，他做主編，我做版面設計。他把安徒生童話上的「賣火柴的女兒」譯成中文刊出，有的同學抄下來對讀。

　　這個訓練班辦得有聲有色。結訓考試陳考第一、我第二、金遠勝第三。

（三）高雄要塞守備團通訊連

　　要塞電訓班結業，我被派到要塞守備團通訊連，當上士無線電通訊班長。發報機是手搖機發電，非常笨重，手下有兩名搖機兵；通訊連連長是個大個子的膠東人，電台台長姓姜也來自膠東，人很誠懇，教我很多實務工作；他們一夥是從青島撤退來的。

　　守備團團長梁君黃埔十八期，三十一歲；副團長邱金林二十九歲，都是優秀的職業軍人，有豐富的作戰經驗，也很有學問。團長常給我們作精神講話，大家坐在草坪上，他和士兵一樣打綁腿、穿布鞋（那時軍隊裝備很窮）盤腿而坐，講文天祥、史可法的壯烈事蹟，引經據典，頗有儒將之風[3]。邱金琳英文流利，他跟孫立人遠征過緬甸，勝利後在新六軍當營長，參加過許多戰役，尤其是東北的四平街之役[4]。

　　仍然有很多娛樂活動，打球、看電影、西子灣游泳……。西子灣的海灘白沙細軟，海水清澈透明，背負著青翠的壽山，雲霧飄渺；每次從山路走過猴子成群在樹間跳躍。海濱有一道防波堤，有一公里長，兩邊水深，我們常在海灘游泳、在堤上跳水。

---

[3]　梁鈞坐到上將司令

[4]　邱金琳有才、氣脾氣不好、不得志，退役早轉入企業界。

　　有一回周覺民在退潮時游泳被海水捲走，已經離岸很遠，連長急壞了，趕緊找救生艇出海找尋；據他後來回憶：幸而臨陣不亂，海水後退時把手插在沙裡，前進時趕快前衝，撿回小命；可是起初他被嚇壞了，只看見汪洋大海，黑浪壓頂。

　　有一位班長會拉京胡，有個姓王的小兵膠東人、唱的很好。我在老家時跟啟福大哥學過幾齣京劇、像「讓徐州」、「四郎探母」（後來禁唱）等，這時也跟他們練唱。

　　山上潮濕，蜈蚣、蠍子到處亂跑，如果被咬被螫會痛到哭叫；我們睡大通舖，掛蚊帳，早上醒來常有蜈蚣爬在蚊帳四角。

　　有一天漁民忽然跑到連上求援，說他們遇上魚群，網子卡住拖不上來請阿兵哥幫忙拉網。連長緊急結合全連官兵、跑到海邊；原來兩條小船中間拖著長長的「巾著網」（一種垂地的長網），小漁船已經划到岸邊，沙灘上有許多人在兩頭牽著網往上拉，中間一片海水中黑壓壓的魚群在翻滾。阿兵哥猶如神兵天降，紛紛下水拉網，一轉眼把圈子拉近縮小，這時水面上魚頭鑽動、活蹦亂跳。漁民說，不要拉了，大家隨便撈吧！他們用小叉網撈起來裝上車，立即送到市場；幫忙的人用籃子、框子、袋子、篩子裝，能裝多少盡量裝；看如何才能裝得完，拿回家再回來；巾著網的圈子越縮越小，到晚上漁民終於收工了。

　　我們連裡吃了幾天魚，也曬了許多魚乾。西子灣潔淨明媚的海灘腥臭了好多天；原來有些人把活魚埋在沙裡，想回頭再來取，卻忘了地方，這些魚後來爛了、臭了。

（四）陸軍通訊兵學校

在軍中有許多深造的機會，比如陸、海、空軍正科的軍官學校，我曾嘗試報考，但因體高和體重都不夠標準而不被接受。1951年春陸軍通信兵學校在高雄招考無線電技術員，考場設在前金國校，三百多人報名，錄取36人，高雄要塞中我和馬頤祖、曹鼎塏都上榜。六月辭別了長官和好友去宜蘭通校報到。

在通校遇到寧陽縣中的學長楊承蔭。考進來的水平又比要塞電訓班高，學習的科目大致與電訓班相同，師資也高許多。通校校長李昌來英國皇家海軍官校畢業，學識豐富，非常敬業，每天訓話督促學生的課業。

我們是第五期，有二百多人，入學後作過編組測試，分為三個隊：一、二兩大隊是報務班，第三大隊是機務班（數理科較強）。我和曹鼎塏編在第一大隊，馬頤祖第二大隊，楊承蔭進機務班。

在課業方面，學科電學、收發電報仍為主科，都沒留下太多記憶，學科中的政治和法律概論引起我的興趣。教官是一位留美的青年學者，風度翩翩，滿腹經綸，一筆粉筆字也很有功力。

二、八十軍的見習官[5]

（一）南台灣的鄉村

通校畢業考試，在本大隊我名列第六，學校要分發畢業生到陸軍所屬單位，大家都希望去後勤單

---

[5]　相片說明：右黃、中曹、左馬。

位，不希望去野戰部隊，大隊長有分發之權，我總是和上級關係不好，被派到陸軍部隊，去司令部報到，總司令孫立人將軍親自點名，再加挑選，我被派在八十軍五十一師一五一團第三營當准尉見習通信員，六個月以後升少尉無線電報務官。

八十軍是孫立人的嫡系，從緬甸遠征軍幾度整編的底子，軍長鄭果、師長邱希賀、團長余式儀都是孫將軍的班底；總部駐紮南部，又回到高雄。

野戰軍不停地訓練和演習，踏遍了南台灣的田野、農村、山川和森林。演習完畢回到營房仍然是不停地操作；操課之間的空閒大家擠在大通倉宿舍，軍官睡上舖，下面是士兵，我在上舖讀書，下面鑼鼓喧囂震天，彷彿要把你抬上半空，我闔上書本對自己說：「不行，你必須離開這個淵藪」。

我不是黃埔正科出身，在軍中沒有前途，這樣的職業軍人不能做下去。

在八十軍服役期間是我一生中第二次情緒的低潮（第一次是在濟南做勤務兵時），經常失眠，醫官是我的好友，常常破例給我安眠藥、鎮定劑。在濟南軍營時我認識一個姓王的醫務班長，他也供給我一點藥品，所以這些年來我已養成習慣，倚賴安眠藥睡覺，陸軍總醫院的醫生認為我患有嚴重的神經衰弱症。

（二）北港之戀

同事中有一位金品潮，浙江人，比我稍長，資階也略高，對我愛護有加，猶如兄長。1952年秋天部隊在中南部的北港駐防，通信連連長拼命念英文，他的「Good-bye」發音有點像中文的「鬍子白」，我們私下叫他「鬍子白」；報務員有兩個通校同

學，其他幾人也都是青年英俊；我剛滿二十歲，雖然心事重重而玩心不退，仍然唱歌，奏樂，又忽然熱衷學跳舞。

　　起因是北港有個鄭代書[6]，本地人，僑居新加坡多年，戰後才回家園；他有個女兒很漂亮活潑，外號「新加坡」。同連有兩個報務員：一個白細我們叫他「老帶」（通校同學，帶魚白細長），一個黑粗我們叫他「老沙」（沙魚黑粗）。有一次軍中晚會，老沙設法把新加坡請來，於是大家都認識了，可還沒人敢上。

　　有一天我聽說她要從嘉義坐晚車回來，就去車站等她，等到了，她挺高興；就請她去冰店吃冰，談得很開心。她說去嘉義會情人，空軍飛行員，住屏東，每星期見一次面，今天是參加嘉義空軍的舞會。這以後我不斷和「新加坡」約會：冰店、飯店、看電影、逛公園；我就加緊學跳舞，準備將來能派上用場。從嘉義書店買來一本「無師自通交際舞」，每天看圖識字。

　　正在春風得意時，不料遭人嫉妒，第一個不平的是老沙，他以為新大陸是他發現的，應該有優先權；可這又不是一個物品可以轉讓，那就中傷洩憤。鬍子白出來干涉了，他勸我別惹麻煩，新加坡是交際花，你犯不著。金品潮也勸說，我想想他們說的也是，就姑且聽之。不久新加坡和飛行員訂婚了，我們也移防新營，逢場作戲就此告終。

（三）告別軍營

　　1951年韓戰結束，台灣海峽早有美國第七艦隊協防，台灣沒有必要維持六十萬正規軍，美國人建議縮減一半。我在軍中看到一份傳閱的文件，有一項現役軍人轉為備役，即假退役的辦法。

---

[6]　代書在台灣是個傳統職業，很像歐美國家的Notaire, Notary。

仔細地看過，再找相關的文件研究，認為這是走出軍營的機會，就按照規定的手續一步步辦理申請。陸軍總醫院有我的病歷，內科王主任在大叔的學校兼校醫，順利拿到一份「不適軍中工作」的證明，1953年初我的呈文被批准，就揮別了袍澤、走出了軍營。

（四）結束初戀

　　早就聽說小荷也在流亡學校，改名甯琳，寫過幾封信均無下落，到八十軍以後與她連絡上，她在澎湖防衛部子弟學校讀高中。魚雁往還，寫出兩本深情雋永的情書；澎湖出產一種化石叫「望安石」，她寄來一顆望安石雞心，心尖上有一塊殘缺，也未在意。我之所以要離開軍隊另謀前途，一半也是為了愛情，要為愛人爭取前途。151團副團長劉止戈中校對我很好，我向他坦白自己的心事，得到他的同情。

　　1952年子弟學校遷到員林改名實驗中學，苑覺非校長是甯陽老鄉，另一個甯陽同鄉，在湖南三聯中做總務主任的李子泉也在這裡。劉副團長家住臺中市，軍中假日他帶我到他家中作客，目的是成全我去員林探訪情人。

　　我和甯琳1945年在甯陽縣中一別到這時已七年不見，對兩個成長期的青年七年的變化很大；幸而最後兩年書信往來，不覺陌生；她已從我印象中的刁鑽古怪變得落落大方。學校剛才遷到一塊廢墟上，又回到篳路藍縷流亡學校的景況。

　　這次見面更加速我推動退役的手續。劉副團長一家人待我很好，他夫人曾幫我接待過甯琳，後來我曾多次拜訪他們。

　　1953年暑假甯琳從實中畢業，考進台大護理學校，到台北讀書，住在甯子誠[7]家中。他們是同宗，子誠兄把她當妹妹。龔亞洲在台北工作，與甯家很熟，我來台北探望甯琳受到他們熱情接待；子誠大嫂熱誠爽朗，我曾多次在他們家作客，印象深刻。亞洲知我最深，了解雙方情況，很多細節比我還清楚。

　　這年十一月退役，兩手空空走出軍營，第一件事就是到台北找甯琳談談將來的計劃。我們約在新公園見面，天下著雨，又濕又冷。她來了，冷得發抖，不開口、光流淚。我告訴她我的計劃，她沉默良久冷靜地說：「你不要再思念我，我不配，你去奮鬥吧！你將來的成就就是我的安慰。」。她擦乾眼淚，毅然走了，頭也不回[8]。

　　這是個驟變，突如其來，毫無警覺，恍如高空摔下，幾乎使我爬不起來；支持我的是接受挑戰的性格和對愛的理念：愛非佔有，愛是關懷、愛是犧牲奉獻，成全你的愛人。走出一條光輝的路來給她安慰！我的初戀就這樣結束了，沒有擁抱，沒有親吻，甚至沒握過她的手；可是曾經魂牽夢縈，嘔心瀝血、驚心動魄。

　　我在台北住孫九哥那裏，他在一家紡織廠做跑外（跑市場、送貨等外務，老闆膠東人，姓牟）。第二天我跟他送完貨，他帶我去新店看鄭二哥[9]，想替我找個工作和住處。我們在羅斯福路台大門前等車，九哥說這是台灣最高學府，咱們進去轉一圈。我說，不去，將來總要進去的。

---

[7]　甯子誠原名甯坤，寧陽縣中最高班甯華之兄，擅長書畫。

[8]　附錄8「默默祝福四十年」。

[9]　鄭銘勛，曲阜的世家公子，會拉會唱（京戲），當兵到台灣，退役後在新店與人合夥開小吃店，沒等到開放探親就病逝台灣。

　　我從台北搭蘇花公路汽車去花蓮看武二叔（武營長，到台灣以後如此稱呼）：他也從濟南輾轉逃出，老太爺走不動，新娶的太太要留下照顧老人，他隻身來到台灣，這時在花蓮港口做聯檢處處長，仍是因著秦德純先生的關係。

　　蘇花公路沿塹壁開鑿，十分驚險。中途有停車休息之處，我下車走上懸崖，望著腳下的濤濤深壑和眼前無垠的海洋，思潮洶湧，不知何去何從。我雖然決定再入學讀書，可是談何容易！我已經二十二歲，初中學歷，從何念起？大學入學考試競爭激烈，憑什麼進台大呢？生活問題、學費問題都很現實。

　　在車上我一路默念著一句英文成語「There is a will, there is a way」有志者事竟成。與武二叔談了我的想法，他很贊成，認為我有這個條件，給了我一筆路費，第二天就乘東線火車到台東再轉搭汽車經屏東回到高雄。離開軍營，孑然一身，又回到流亡學生時代，流亡學生跟學校走，可是現在要何處寄身呢？

三、重拾舊業

（一）木魚青燈──高雄市的小廟鼓山亭[10]

　　通信兵學校的同班好友潘家菊在防空單位做電台台長，駐防在高雄鼓山亭一座小廟裡。我去看他，他邀我到廟中暫住：「廟中有空房，搭我們的伙食，廟裡主持一定認為你是電台人員；對於電台的上司你是廟裡的老百姓。」我欣然接受，慶幸有了寄身之地。

---

[10]　附錄9「鼓山亭尋舊記」

　　接著就去工業職校看大叔，告訴他我的情況和計劃。我的學歷只有初三肄業，我要用最快速的方式進大學；大叔有個抗戰時期的朋友李升如，泰安縣人，山東大學英文系畢業，在台中縣霧峰鄉私立萊園中學教英文。私立學校好通融，過年開學，請李老師介紹我去插班讀高中二年級下學期。

　　這時1953年11月離開學還有兩個月。英文我在軍中每天聽空中教學，不斷自修，心想跟班應該沒問題；數學高二下大代數已講了一半，要把前面的補上。我去書店買一本范氏大代數和一本題解來自修。每天在木魚青燈下苦幹；感念濟南二臨中劉老師教初中小代數時給我們打下厚實的基礎，大代數的前半部自學的進度很快。

　　電台台長之外有兩個報務員和幾個通訊兵，都是年輕同行，小伙食團很可口。晚飯後經常在附近的夜市散步。整天在廟堂裡苦修，晚上總該活動活動。鼓山夜市很熱鬧，有各種本地小吃，最難忘的是台灣粽子，包的是炸過的五花肉和花生米，這種粽子用台灣傳統做法，別處不易吃到。

　　叫花子牽狗玩心不退，那時乒乓球盛行，附近有幾家球館，計分小姐叫乒乓西施，規矩是打輸的付錢，打贏的白玩；我從濟南初中時就是班級選手，在軍中也不斷苦練，來這裡打球常常白玩。夜市散步吃點宵夜，打幾盤球，回廟休息，明天再幹。

（二）台中霧峰萊園中學

　　舊曆年過後不久我就辭別電台好友，帶了大叔的信件到萊園拜見李老師，他教高三畢業班英文兼管學生宿舍（舍監），住在萊園（林家花園）五桂樓上。他身材高大、鄉音很濃，李師母

濟南女師畢業和三姑黃存同學，他們有三個男孩，依次是廣淮八歲、廣濟六歲、廣潭四歲，這樣的關係自然一見如故。宿舍有學生餐廳，李老師留我在他們家搭伙，我就從命。

李老師帶我去見校長、辦註冊手續。校長林攀龍先生是台灣聞人林獻堂的長子，英國留學，學養很深。私立學校招生不易，學生大多來自附近鄉鎮。高中三班，高二導師許贊育老師是基督教牧師，教美術；國文老師劉法賢山東老鄉，國大代表；教師的水平很不錯。

數學老師是一位姓李的年輕人，非常優秀。開始學排列組合、或然率等章節，台灣同學數學特強，同班有幾個好手，在班上表現出色。數學課對我來說輕鬆而有趣。

英文老師林式幹，是刑法學權威林彬（當時的司法部部長）先生的長子，四川大學畢業，勝利後在美援機構工作，家學淵源，常識豐富。高二英文課本（開明書局）相當深，我在動盪的年代雖然不斷自修英文，但程度有限，英文最感吃力。班上同學英文都差。第一堂課講一篇名著「Shipwreck」（夏丏尊譯作「破難船」），笨鳥先飛，上課前我先預習，發現滿篇生字；查出生字，朗誦幾遍課文才去上課。

台中的氣候宜人，艷陽初春、陽光普照，從宿舍到學校穿過一段山村小路，總是在和煦的陽光中信步而行，依然是習慣地口中念念有詞。這一段行程，那一種情景和胸懷也在心海中留下深刻的印痕：是那麼充滿著朝氣、充滿著挑戰的決心與信念，這是我一生中明媚的春天。

校園之路

　　教師中有好幾位是國民大會代表，他們不能兼任公職，但在私立學校教書不影響代表的待遇，所以他們的經濟情況比一般人好，像劉法賢老師（國文）、訓導主任李春青老師（教公民課）、教史地的齊老師等。

　　相形之下李老師比較辛苦，一家五口負擔沉重，他總想兼點工作，增加點收入。幸而李師母會持家、是典型的賢妻良母，把家務弄得挺挺妥妥。家常飯總比飯廳的大鍋菜可口，一家人圍坐在一張矮桌上吃飯，旁邊有個煤球爐，放著一壺開水，吃完菜飯，把盤子裡的剩汁分到每人的空碗裡，加上爐子上的開水變成飯後湯，喝下去滿舒服。我在李家搭伙大約兩個月，為了節省時間還是參加了學生伙食團；可是那種用剩菜汁泡湯的習慣卻養成了，終生享用。

　　學生伙食是由兩位中年婦人操辦，我們叫歐巴桑（日語大娘之意），她們也負責床單的換洗等工作；年紀較輕的一位陳大娘，待我很好。周末假日同學都回家，我留在宿舍，她常為我弄點吃的。她們不會說國語，我加緊學台灣話，漸漸地也能溝通。學生餐每人一大碗飯，菜放在上面，常有一片五花肉或荷包蛋，常喝一種日本米糟湯，如果放幾條泥鰍在湯裡，大家就歡欣鼓舞。

　　許贊育老師[11]兒女眾多，兒子都以龍為名，依次是登龍、左龍、右龍、田龍；女兒從琴為名，依次是瑟琴、文琴、琳琴。登

---

[11]　附錄10「許贊育老師」。

龍已進台大醫學院正科，其他弟妹都在中小學，老師的原則是兒子升學沒限制，女兒只能考師大（公費）。

五桂樓

英文老師林式幹也很投合，那時他只有念茲（女兒六歲）、再茲（兒子四歲）非常可愛，我常帶他們在萊園裡嬉戲，五桂樓下我們宿舍對面是一個荷塘，中有一亭，周圍是果樹：有荔枝、龍眼、芒果、木瓜、蓮霧等等；從宿舍左邊角門出去是登山的石級，可以通向後山。

我習慣早起，大約五點鐘開始工作，這一段時間念英文：課文開講之前已把生字查出，寫成字塊，一面是英文、另一面是中文註釋，放在口袋中、隨時拿出來念；課文是在登山的台階上念，每讀一遍登上一台，共有二十二台階，上課之前我已念了二十二遍。這個辦法我是跟漫畫家豐子愷學的，不久前我看過他的留學回憶，他去日本只有十個月的費用，十個月之內不光學畫、學日文、還學英文；他補習英文就是這個辦法：念字塊，課文上課之前念一個「讀」字，每讀一遍寫一筆，讀字二十二筆，他念二十二遍才去上課。

半年過去下學期高三上開學，高中部舉行英語背誦比賽，我選了美國總統林肯的那篇名著「民有、民治、民享」的演詞，得了第一。

我的目標是大學入學考試，考試科目分甲、乙、丙三組，文法科屬乙組。國文、英文、三民主義（50%）是共同科目；乙組數學只考三角、幾何和大代數，不考解析幾何；考史地，不考理化。

所以高三的功課，有些就沒有學習的必要，而且寸陰寸金，分秒必爭。於是和物理老師、數學老師達成協議，上課守秩序，他不干涉我做其他功課（在班級眾多的學校早就按學生志願分組）。

中學軍訓每周二小時，我一入學就和軍訓教官商量：我是退役軍官，受過嚴格的軍事訓練，請免中學生的軍訓，他同意了。到高三開學救國團作全省軍訓檢查，派員到校測試，我幫他指揮高中三班學生操練，萊中的軍訓測試名列前矛。

高三上學期結束放寒假（1954年冬），我去高雄看大叔和他共度春節。教職員宿舍有共用的廚房，他燉了一大鍋滷菜，交待說：「我去睡一會，你看著點」，我怕誤事坐在爐子前演算幾何習題，這是乙組數學中我沒學過的課目，仍然是對著題解自學，全神貫注。忽然聽見他在床上大叫「糊啦！」，一鍋滷菜變成了焦炭，他隔著幾個房間聞到焦臭，我竟未覺，借的大沙罐也燒壞了。

高三結束萊中畢業、我的成績全班第一，領到一些獎品，其中有霧峰鄉農會送的一本「王雲五綜合詞典」四角號碼檢字，我使用慣了經常帶著，竟跟了我半個世紀，直到如今（三年前送去店中重裝過）。

在萊園讀書期間幾位老友來探望我，最多見的是武傳達大哥。他本來當學兵到澎湖經過軍閥的鎮壓年代，吃過苦頭；後來考取空軍機械學校才得離開澎湖，機校畢業後派在新竹空軍基地工作，來往較多。陳耀祖陸軍官校畢業，正在東勢養病，東勢距台中很近，我去看過他，他也來過萊中，我們對目前的局勢和個人的前途作了分析。縣中高班學長尹燕雨（燕生、燕秋的堂兄）是亞洲的好友在台南民航局工作，也成為好友，那幾年也常往來。在萊中也交了一些好友，同班中來往較多的有何友基，福

建人，英文好，有領導才能，本班班長；呂衍澤，台中縣名間鄉人，數學很強，乒乓球高手，我和何、呂二人常常打球；張萬行名間鄉人，數學最強。

1955年暑假台灣五院校聯合招生，我在台中報名應考。試場外考生的家長帶了飲食在場外遙望，跟著場內的兒女著急；我考得得心應手卻無人分享。不久放榜、第一志願進了台大。報名時第一志願填的是台大，怕大叔擔心我的學費，對他說報的是師大（公費），放榜之日他在師大名單上沒找到我的名字，吃飯的時候同事向他賀喜，才知道考上台大。

讀書期間經濟的主要來源是軍人的八成薪資，可以勉強過活；初到萊園費用多大叔幫我不少；初進台大九哥不斷幫我。後來我領到大陸救災總會的助學金，又做家教，經濟情況相當平穩。

1955年萊中畢業生考取台大的還有早一班的林燦隆，農學院植病害系，曾燕山為外文系；其他何友基、呂衍澤也都考取大專。這一年萊中的升學率打破記錄，師生士氣高昂。初到萊園在山坡上晨讀，總是晨星了了，空谷足音；半年以後也有人陪我晨讀，高三時山坡上晨讀的人更多了。大一寒假我去萊園訪舊，在萊園住一宿，早晨起來發現山坡上到處有晨讀的學生。

（三）台灣大學

（1）台大的人情味

1955年七月我在萊園收拾行李、帶上全部家當到台北，希望在開學前做點準備工作，

首先得找個住所。我逕去台大，找管理學生宿舍的負責人，說明來意。他說：

「你雖然榜上有名，可還不到註冊的時候，我們連教育部的分發名單都還沒收到，怎麼能讓你住宿舍？」

我說隻身在台無家可歸請他通融。他一再搖頭，我一再請求；忽然走來一位軍官說：

「郝組長他早晚是咱們的學生，你給他想想辦法吧！」此人就是台大軍訓總教官暫代訓導長的郭岐將軍，武裝整齊、短小精悍。

這天他們把我安排在一棟臨時宿舍裡。文學院大樓左邊還是一片空地，有幾排臨時搭建的預造房，其中一棟裡面擺了一些上下舖木床，說是為預訓班結業無家可歸的校友預備的，我心中欣慰，原來台大如此有人情味兒。

我是第一個住戶，選了靠窗戶的床舖，打開行李安頓好，老早就睡了。不料半夜裡被狗叫吵醒。我小時候在鄉村聽見過狼嚎，沒聽見過狗哭，狗哭也是尖銳、細長、悽厲。我從窗口看出去，外面皓月當空、四野無人，一隻黑狗正坐在那裏對月哀鳴。好像哭泣，也像引吭高歌，反正牠正沉醉在發洩裡，毫無休止的意思。我又怕又氣，這樣下去如何能睡，非把牠趕走不可！我悄悄地把屋門打開提了把椅子，猛衝出去大吼一聲把椅子向牠擲去，這一下突如其來的舉動倒把牠嚇壞了，挾著尾巴飛竄而去。

第二天有伴了，來了四個高雄中學畢業工學院的新生。到開學註冊之日這棟房子差不多住滿了。外地學生有權住宿舍，宿舍不夠分配，抽籤決定，我沒抽中，再去找郝組長[12]。他說：

---

[12]　郝超山膠東人，原青島警察局督察，是郭總教官帶來台大的幫手。

「你不是有地方住著嗎？以後再想辦法。」

不久我們幾個同室都被分到基隆路四段第七、八宿舍。

這兩棟宿舍都是二層樓，每室住八人，每人有個書桌。同寢室裡有經濟、商學、化工、獸醫等系的同學。這一年員林實驗中學考進台大的不少，同宿舍的有法律系同班李國利、經濟系孫英善、歷史系王增才、陶英惠、商學系孫朝友等人。

第一天我在書桌旁的牆縫裡抽出一張已故校長傅斯年的相片。傅先生是五四運動的健將，大陸撤退時的北大校長，學術、道德名重一時。來台後主持台大的重建，積勞成疾，三年前去世[13]，葬在校門左邊，就是花木蔥蘢的傅園。

傅斯年校長

傅校長帶來一批大陸上的精英學者；更重要的是他帶來了五四的精神和北大的傳統。但是自由民主的思潮退居到非常卑微的地位，台灣經過二二八事變、經過大陸撤退初期驚惶震壓的時期到1955年的此刻，執政當局仍然處於一種不安的心態，對於言論、思想、校園活動嚴加管制。蔣經國作國防政治部主任，成立青年救國團，軍訓教官進入大專學校。

(2) 教授群像

法律系一年級在校本部上課，國文、英文、中國通史是文法學院共同必修；法學緒論、憲法、政治學是法學院各系共同課。

---

[13] 有人說他是在議會受質詢，被議員郭國基氣死的。

　　大一國文上學期念孟子，下學期念史記。文學院院長沈剛伯教授主持大一國文的教學會議。我們這一組的國文老師劉仲元教授是和胡適同時代的留美公費生，原來是學科學的，教我們的時候他還是中醫師考試委員，人的智慧高就觸類旁通、無所不能。他講書喜歡用英文，孟子、史記都可以順口翻成英文。

　　英文老師不高明，大一的英文教學組的負責人是趙麗蓮，內容和進度都由她監管。中國通史是夏德儀教授，非常精彩。夏老師是北大來的，那時約五、六十歲，總是一件灰布長袍，上課沒一句閒話，邊說邊寫，進度很快。內容並非傳授式的演繹，常常有啟發式的專題，比如講到漢朝的鄉舉里選，他把制度的淵源、演化，到當時的成文；再根據各種資料作出統計，引導學生開闊視野，搜尋資料、運用資料，及如何做研究工作。

　　大一另一門受歡迎的課是薩孟武教授的政治學。薩先生福州人，日本留學，學識淵博。他那口福州官話斬釘截鐵、耐人回味。他講的西洋政治制度，隨時與中國制度作比較，再引一些典故，使得課堂氣氛既嚴肅又歡暢，以致旁聽生最多，窗台上、講台前地下都擠滿了聽眾，其中不乏穿軍服的軍人。

　　薩先生講過一個引喻至今不忘，他說：

　　「回教國家的國立圖書館失火，把藏書燒光了，法院將館長起訴，館長說：「如果燒的都是可蘭經，那不要緊，可蘭經到處有，如果燒的不是可蘭經那正該燒毀。」現在咱們台大圖書館如果失火，法院把蘇（薌雨）館長抓去，蘇館長也可以說：「如果燒的是三民主義有什麼要緊，三民主義到處有，要不是三民主義那正該燒毀。」在那個時代只有他那樣的身份，才敢說這種風涼話。

他對獎掖後進不遺餘力：彭明敏學成歸國教授法律系二年級的國際公法，學生社團請他演講，薩先生在我們課堂上鄭重推薦叫大家去聽講。眾所周知彭和劉慶瑞教授[14]都是他的得意弟子。

這些名教授的課，大多沒有課本和講義，你可以記筆記，但主要是去找參考書來把講的問題深入了解。薩先生有一本政治學的書，但是他並不照書來講，他的書也不過是參考書之一。

也有的教授肚裡沒東西，只是七拼八湊，也寫書、出講義，很辛苦、根基和質資都不行，卻抓住政治走向，儼然也是名學者。看來古今中外都是一樣。

(3) 第二次出手

平時讀書都上圖書館，在宿舍書桌上看報、寫日記、寫信；當兵出身愛整潔，書桌床舖常常保持整齊。有一天我從外面回來，一位商學系姓羅的同學正坐在我書桌前兩腳放在桌上，身體後仰手裡拿著我的水杯。我請他立刻走開，以後不可碰我的東西，他邊走邊罵，非常難聽，我順手拿起那隻玻璃杯警告他：

「你再罵一句就叫你臉上開花！」

他又罵一句更難聽，我就用那隻杯子向他臉上戳去，他身材高大卻砰然倒下滿面流血，我還騎到他身上扭打，同學將我們拉開並把他送去醫院。上唇裂開縫了四針；他接著去訓導處告狀。

訓導處主任秘書張樂陶先生接案，問明情由後說：

「你們二人是打架，你先出手而且造成傷害；可是你侵犯他書桌、妨害他工作、還口出髒言才引起爭端，兩個人都犯了重大

---

[14] 劉教授英年早逝，他的夫人就是經濟學家郭婉容，主持過李登輝時代的財經政策

過錯。重的記兩大過，退宿，輕的記一大過退宿，明天報請訓導長核辦，現在回去！」

正是寒假前大家準備期考的時候，犯了這個大錯好不懊惱，記大過要丟獎學金，退宿去哪裏住？但想到這傢伙實在可惡，這一切都由他而起。一邊收拾東西一邊說氣話：

「一大過兩大過有什麼不同，都得丟獎學金、退出宿舍！」

姓羅的哭了，嘴腫得很高，他說：

「我從小是好學生，從沒打過架，記過退宿無法向家人交待。」

有農學院同學來調解，建議我們明天一早去找訓導長，看能否撤銷報告。

我乘機向他道歉，說一時衝動下手如此之重，釀成大禍；他也說其實是由他而起，大家都有錯，要共同努力挽回惡運。

第二天一早去見了訓導長張研田先生，一進門他就向我大聲責問：

「你好凶啊！把他的嘴打裂了，你可知道這是觸犯刑法嗎？虧你還是學法律的！」

我說知錯，已向他道歉，二人都懊悔，請求校方從輕處理。

羅說事情由他引起，非常後悔，二人已經和好，他想撤回報告。

訓導長說：「傷害是犯刑事怎能撤回，要進一步調查，學校有紀律委員會，他要向學校負責。」他叫我們明天中午再來。熬過漫長的一夜、第二天準時去見他。他說：

「不錯，你們都是好學生，學校決定給你們一次自新的機會，暫不處罰；每人回去寫一個悔過書交來。」

這件事就這樣結束了，可是我對羅嘴上的疤痕歉疚不已。

我外貌瘦小斯文，可是出手打人這是第二次了，檢討這個行為的根源還是來自童年時培養的尚武精神，在孔廟周圍練出來的武功，當時的玩伴中有一人，經常腰裡別一個仿圈（小學生習毛筆字壓紙用的長方型銅圈）他說：「我們人小要先下手為強。」台大的經驗之後就沒有再動手的記憶。

（4）獸醫系的鬼才

在此我要記述第七宿舍的一個鬼才。此人來自台中，綽號「芭樂」（台灣的一種青皮水果），獸醫系，台大體操隊主將，短小精悍，為人爽快；我非常羨慕他在單槓上的身手，平時交情不錯，這回打架事件他是主要調停人。宿舍是上下舖，他睡上層，舉手可摸到天花板，他把天花板撬開，在上面另築香巢。上面安置了桌椅床舖，經常在上面讀書做事。他做槍手替人考大專聯考，造假證件、還有種種生財之道，所以手頭闊綽，非一般學生可比。他趁人不在時把女孩子帶上香巢居住，幾天不下來。女友常常換，有一個被甩掉的女孩子半夜三更還站在宿舍門外苦等，我曾為這個女孩寫過一篇文章〈為誰風露立終宵〉，在校刊上發表。後來芭樂追上他們系主任的女兒，結婚了。

（5）台大同學

1955年進台大的有不少員林實中畢業生，住第七和第八宿舍已經說過。在交友方面同系同班同堂上課的往往下課後星散，當時也有些交情不錯的，之後各奔東西逐漸失去聯絡；就只有李義

燦和王梅生二人，兩人都是經濟系的，因為同住一室兩三年之久成為莫逆，一生往來無間。

梅生的父親是河南的政治人物，做過教育廳長，有位抗戰夫人，生下不少弟妹；梅生姐弟二人是正室所出，姐姐和母親留在大陸，他一人隨父來台。父親只剩下國大代表的奉祿，住在台中，他在這個家庭中得到的溫暖不多。在台大宿舍放寒假同室就剩我們二人，我是無家可歸，他是有家不歸。

義燦是空軍子弟，家住台東，兄妹二人，空軍在台東有個農場，父親空軍退休後當場長，一家四口家庭美滿。大約在三年級我們同住潮州街第三宿舍時、他就把愛人齊琿如帶來給我們認識。琿如風姿綽約是台東女中的高材生，他們的婚姻順理成章，也建立了美滿的家庭，如今是白首偕老矣。二年級這一年接觸較多的幾位同學：本系的李國利、馬鎮華、王建華、張鈞等人。還有經濟系的金丹旭、楊介高，政治系的張羽文（健言社原始成員）等。有兩個人應特別一記，就是張尚德和許家琛：

張尚德

1951年我在陸軍第80軍51師151團當少尉無線電報務員，使用的收發報機是用手搖發電機，非常笨重，有兩個通信兵負責搬運和搖動發電機，編制上叫做「搖機兵」，其中一人就是張尚德，人很精明。他和我同年退伍，我到霧峰再讀高中，考聯招進入台大法律系；他到台北半工半讀，和我同時考進台大哲學系。陸軍51師的師長邱希賀將軍聽說，非常興奮，「我的部下竟有兩人考進台大」，請我們二人去他北投的公館吃飯、認識他的家人。

尚德在哲學系念書時常穿一件藍布長袍在校院中來去，印象中挺活躍；但法學院學生二年級就搬出校總區，很少再見面。那時哲學系是殷海光時代、很享盛名，他是高才生之一，與王尚義是好友。畢業後再進研究所，做講師並在幾個學校兼課。可是1976年「台大哲學系事件」發生，張尚德和陳鼓應等人都遭革職，他在文大也被解聘，曾找我一敘，此後下落不明。

最近在紀念「哲學系事件三十周年」的紀念會上陳鼓應指陳：「……受害的學者很多，左右統獨都有，從各種解密的資料，我們也已知道，由馮滬祥、王昇到蔣經國……。

解嚴後台大成立調查委員會對此一事件發表正式書面聲明，受害人早已獲得平反，回復名譽、賠償損失。最近媒傳報導有「台胞張尚德返湖南故鄉探親興學」的消息，他回到故鄉湖南湘潭，發現他姪兒任教的梅林小學年久失修，當即慨捐四十萬人民幣，想來這就是他的近況了。

尚德的譯著摘要如下：

人生的智慧／叔本華著／張尚德譯／台北志文出版社

然與非然──習禪學佛經驗談／達摩出版社

神學論集等。

許家琛191206

家琛是我台大法律系同班，身材短小、兩耳重聽。為人克苦勤奮、鍥而不捨。他經常帶著助聽器上課，而且要坐到最靠近教授的位置，常常在講台前的地上，兩眼盯著教授。他家住郊外，每天帶兩個便當一早來校，晚上圖書館關門回家，午飯的便當沒問題，台灣天氣炎熱、晚上的便當常常餿了，他就用水沖洗了再吃。畢業後他考進政大新聞研究所，對他是天大的鼓勵；可是

他出事退學了，自然是嚴重的打擊，為此他寫給父親一封悔過的信，曾來找我一訴衷腸，那封信寫得非常感人。此後各自東西，不曾再有往來。

最近在網絡上看台灣的選情，有名為「許家琛」者參選第六屆立委，BBC的中文報導有這樣的形容：「年年參選都落選，而又年年都來報到的無黨籍人士「許家琛」，這樣鍥而不舍的精神，非他莫屬了。

(6) 考試成績

一年級上學期結束，舉行期考，成績很差，總平均71%。打架的事多少影響情緒；可是自己以為很滿意的課目，成績也很平平。到了年終大考就更是出乎意料。和幾個同學去看成績，發現自己認為滿意的卷子不過七十幾分，而別人有考九十多的。一經思考就不難發現問題在那裏：在萊中考試有範圍，無對手；這裡並無範圍，而自己不是人家的對手。比如薩先生的政治學，他的書我幾乎可以背下來，指定的參考書也都涉獵過，可是在申論時就無法洋洋灑灑，縱橫自如。這時才覺察資質和秉賦之重要。

(7) 家庭教師

寧陽縣中同學張毓秀在東吳大學讀法律，他和同班同學吳筱梅才結婚不久，他的堂叔張振東先生在台北警備總部工作，夫人孫俠情是台北一女中的軍訓教官；他們有個兒子張毓捷功課有問題，希望我能幫忙。孩子念書是天下大事，他們鄭重拜託我，就試試看吧！

　　張疏捷小學畢業未能考上理想的中學，因著媽媽的關係進一女中新店分部借讀，希望將來升高中能進個好學校。從此與這家人結緣，也是一生無間，天涯海角到處碰頭。

　　第一回做家庭教師，不光去他家補課，也帶他去圖書館，周末假日為了找個清靜地方常帶他爬窗子進空教室讀書。他考高中那年我高考檢定考試，他們一家人搬到一女中教職員一間宿舍，把興安街一棟房子空出來讓我們二人清靜讀書。不負所望他考進台北最好的建國中學，我也通過了高考檢定。

　　除了毓捷還教過幾個女生：孔德瑤是曲阜同鄉孔隱樵的獨生女，我和她父母的交情很好；李家訓南京人；林文福州人都算秀外慧中的女生。

　　到了二年級法學院學生都在徐州街法學院上課，宿舍搬到溫州街第一宿舍。這一年我比較進入狀況，課業和課外活動都較順暢。法律系本科的重頭項目都排上來：林彬的刑法、梅仲協和王伯琦的民法、林紀東的行政法、韓忠謨[15]的物權法、陳樸生的訴訟法、彭明敏的國際公法，這些課大都有興趣。林彬是當年製訂刑法的起草人之一，原北大刑法學教授，王伯琦和梅仲協都是在大陸名重一時的法學家。

　　最感興趣的是彭明敏的國際公法，彭教授在大戰末期美軍轟炸時失去左臂，卻掩不住他的風度翩翩，剛從加拿大留學回來，英氣勃勃。二年級學生每人選一位任課老師做導師，我連續兩年選他做導師，他住在溫州街的宿舍去過多次。健言社請他演講，也是我主辦的。

---

[15]　韓忠謨教授家學淵源、學術精湛、人品高潔、不苟言笑。他專攻刑事學；但法學課業無所不精，他的「物權法」也教得非常好。我在文大的碩士論文就是他指導的。

　　彭教授精通四國語文，他在國際法，尤其是太空法方面有卓越的成就；除了自己的專業其他涉獵也很淵博。但最令我心儀的還是他的志氣和品格。國民黨用盡手段去拉攏他，他都不為所動；繼之以各種威脅也不為所屈。直到如今在我所知的台灣人中，最有學問、最有品格、最有理想和原則的知識份子就是彭明敏。近年來李敖寫了些挖苦他的文字，那都無損他的品質。

　　第二個感興趣的課是吳相湘的中國近代史。這是法學院幾個系的共同課，在法學院大禮堂合上。吳教授北大出身，三十多歲，一襲長衫，語多精準，非常叫座。由於查閱恩彤公的資料，我請他指導我做過一篇論文，題目是〈美國派來中國的第一個使節〉。

　　課外活動方面和幾位同學共同創辦了健言社，定期組織演講會。曾請彭明敏講「聯合國中國代表權」問題，殷海光講「戀愛與結婚」，去南港中央研究院訪問胡適之先生。

健言社訪胡適先生於中研院 1956

　　二年級時的成績有些起色，四月份我參加高考檢定一次及格[16]，全力準備秋後的全國高等文官考試（司法官）；卻發生了大叔癌症治療和逝世的不幸事故。

（8）大叔去世

　　1956年的春節和孫衡表哥一道南下來與大叔共度春節，表哥這幾年在紡織業混出點名堂、春風得意；我是名牌大學的學生，兄弟倆挺體面，大叔深以為慰。請來幾位老友共飲。其中泗水縣長王幼眉先生有兩個上大學的女兒對九哥特別注意；可惜晚了一步，人家來前已經定了[17]。

　　大叔的老友是毛儀庭老師，是濟南時期五臨中校長，帶學生逃難，娶了他的學生，生了兩個兒子，雖然老夫少妻卻很恩愛，和大叔最投合，所以常去毛家喝酒聊天、作詩填詞；當年也有些詩作惜未收存。[18]

　　1957年台大二年結束，在溫州街第一宿舍準備九月份高考，忽接大叔急電說：「發現食道生瘤，要來台大醫院治療、安排接待。」立即和九哥作了準備；接著又告知：「為了爭取時間已決

---

[16] 中華民國憲法五權分立，國家用人由考試院考選，每年舉行高等文宣考試，簡稱高考；普通文官考試稱普考；遇有特別需要臨時舉辦特種考試簡稱特考，也分高等和普通兩級。這些考試都規定了應考的資格、學歷。為了機會平等，對沒有受過正規學校教育而具有一定學力的人，另設檢定考試給予參加高、普考的資格。大學生畢業前沒有參加高考的資格，為了提前拿到高考資格就先考檢定，我四月通過了檢定但八月並未能通過高考。

[17] 我們來之前大叔邀好王先生吃飯，準備提親，既知九哥的親事已定就不再提；王公不知就理還不斷問，「你請我來有點事吧？」大叔只好搪塞以對。

[18] 毛儀庭老師後來轉去新竹某校教書，我曾去看望。他壽終後不久夫人也因癌症去世，留下兩個後人。

定在高雄陸軍二總院動手術。」九哥除帶上替他經管的錢外又多帶了一倍，二人搭快車趕到醫院，他正接受手術前的各種準備。精神很平穩，說從過年以後就有時咽物不順，該早點檢查；又說每年夏天腳氣病發作流濃流水，今年忽然好了，怪事！

　　九哥生意忙，留下錢趕著回去，我在病房侍候。兗州的蘇佩言先生老親加老友當時任職高雄市社會服務處，也常來醫院相陪。這天進手術間我和蘇老伯守候在外，從上午九時進去，下午二時許主治大夫劉青嶂出來說：「手術完畢，等候醒來，癌細胞已擴散，割除的部分很多，一切順利可以再活五年。」

　　我們等了幾個小時，後來見醫務人員穿梭進出非常緊張，最後劉大夫出來告知「休克死亡」，手術後未能醒來。遺體移到太平間，和蘇老伯商量後事：決定不追查責任，遺體火化，骨灰帶去台北舉行公祭並通知九哥速來。蘇先生回去，我在醫院過夜，這一夜我在日記上給黃泰哥寫了封信詳述經過；在我從台北趕來的那天也在日記上給他寫信，大叔還翻閱過。

　　九哥來到與醫院結帳後與蘇先生一起去宿舍清理遺物。我說：

　　「大叔的財務一向你管，進醫院你帶許多錢來，我一文不名，他身後或多或少都歸你處理。」

　　清理完宿舍裡的東西，捧了骨灰搭火車到台北。寧陽同鄉、山東省政府同事許多人在月台迎接。公祭是民政廳長彭國棟先生主祭，致祭的有一百多人。參與籌備儀式的有苑覺非、張克強、梁希哲、蘇佩言、徐殿軍諸先生。

　　寧陽縣同鄉會的負責人張竹泉先生是大叔的世交，從濟南就管同鄉會的事，還辦過報、他在同時期也患食道癌，在台大醫院動手術，事後我去看他，他說：「如果你叔來台大治療就不至

把命送了。」可是他不到半年再動第二次手術，三次開刀受盡
了折磨，去世時人縮成小小成一團，大如嬰孩。幸與不幸究竟
是誰呢？

公祭後把骨灰存放在台北南郊的圓通寺裡，此後的十年中每
逢祭日、節慶常與九哥到山上廟中祭奠。他住永和鎮是上山的必
經之路，他的大女兒孫澄從小就跟我們爬山，我的許多好友都跟
我上去過。當時曾立下心願：「但能重返老家一定要帶他歸葬故
里。」

大叔提起他的兩位上司非常欽佩，一位是何思源，說他是
「六中（省立六中在荷澤縣）北大，哥倫比（這一出身是山東的
一派名人）有才有識。打游擊時在馬背上起草章程不必改動。解
放北京時他做市長，各方協調使北京免於炮火。

另一位是湖南才子彭國棟，北大國文系出身，做過山東省民
政廳長，錢穆聘去香港中文大學執教、著作等身。

（9）第一代的同鄉元老

寧陽曲阜同鄉流落到台灣的老一代人
物中，印象深刻的有兩座「山」：叢玉山
和張壽山二位先生，都是在這個時期有所
往來。

壽山先生山東曲阜縣城裡人，在台
北初遇時他說：「志鵬，咱們住對門，你
光屁股的時候我都見過。」小時候我們住考棚街小五府，印象中
對門的房子後面有個池塘。張先生為人高大端正、相貌堂堂；讀
書不多、性情率真豪爽。早年參加國民革命，追隨于右任先生。

到台灣為于公子收留，幫忙做點家事，有似卿客身份，于家另有一幫傭刑媽。張先生好交游、同鄉來往很多，當時住羅斯福路，離台大近我也常去走動。他喜歡做點家鄉菜招待客人，常常吃到後來叫大家「趕集」，即「盡力吃光」之意。在他那裏常遇到的曲阜同鄉還記得的有：孔耀南，在律師事務所當秘書，熟知訴訟手續；豐緒惠，年輕，近年還有過聯繫；有一位姓王的同鄉，兒子王家煌，台大國文系畢業，和我同時出國，他去法國時曾有交往，他在學術上很有成就，進法國政府學術機構工作，九十年代初曾應比利時政府邀請來比作專題演講。

叢玉山先生寧陽縣九區叢家莊人，早年追隨山東革命元老丁維汾先生奔走，到台灣以後被安置在林產管理局聽差（因為當時的局長林則彬是山東人），也就分到了住所（市中心牯嶺街）他每天騎自行車上下班。夫妻二人過活，有兩個侄兒，老大懷嶺與他們同住，老二懷民做船員。我第一次去拜望，他找出一件白襯衫送我，留我吃飯。懷嶺得了癌症過世，懷民常住香港，娶了香港淑女，八十年代船經安特衛埠曾來家會晤。

這兩位老人都未能活到台灣開放探親，在台壽終正寢。

寧陽縣的國大代表趙庸夫先生和他的兄弟家人住在基隆，來往不多。趙代表當年出席南京的第一屆全國代表大會，年輕氣盛，曾提出「殺陳誠以謝國人」（因陳解散了許多雜牌軍隊，致使中共壯大）。如今陳誠當道，他噤若寒蟬，只有舉手的份了。

1949年在湖南衡山震華學院與仲康表舅相逢，一路撤退來台，他離開軍隊與趙代表兄弟落足基隆，做了一輩子的教師。

1966年出國前曾帶鳳西去辭行，以後每次回國總設法一聚，1977年夏返台探望親友、也去基隆看望他，並請他書一橫幅「崔

述[19]五十感懷詩」留念，因為那時連年申請去大陸探親，未得批
准，心中悵然。原詩是：

英年辭故園，

萬里度新歲；

不如田舍翁，

骨肉同一醉。

他用大篆寫的，並在下款述其原委說：

　　志鵬表甥久客比京，偶讀崔述詩，心有所感遂詔余曰：
「冀能依原句書之，懸之壁間，藉舒胸懷」；乃不計工拙、
書此以應並記原委。時在丁巳夏初於惜墨書屋。

宿年周仲康

周仲康表舅一向身體單薄，晚年乏人照料，也未能熬到開放
探親。但研習書法迄未間斷，在當地留下不少筆跡。

相形之下苑覺非先生，體質好、心胸寬敞，來台後重組家
庭、再生兒女，兒女相陪去大陸探親遊歷，至今臥病在床有女兒
照料，幸運多矣。

蘇佩言先生也屬於心胸寬敞樂觀的性格，也熬到返鄉暢遊。

19　崔述清代大學者，畢生通過整理古代史實、以考信於六藝為標準，揭露
　　漢代所傳先秦典籍的謬妄，寫成「考信錄」傳世。他是一位最具懷疑精
　　神的古代學者。（Google資訊）

四、工作

（一）台東省中

1959年6月大學畢業面對就業問題。大家都希望留在台北工作，有各種便利。我沒有社會背景，也沒有高考資格，東奔西走到了九月還沒頭緒。李義燦問我願不願去台東教書。台東偏遠閉塞，但飢不擇食只好請他代籌，不久忽接台東省中校長梁惠浦先生電報：四個字「聘兄速來」。這時中學都已開課，我束裝就道來到台東中學。

省立東中有很好的水平和令譽，我們那一屆大學聯考的狀元政大外交系的陳品全就是本校畢業來的（義燦的同班）。梁校長廣東人，教職員中不少老廣；台灣大學畢業的我是第一人。我教初一國文和好幾班公民課，兼初一甲班導師。

單身教職員宿舍每人一間，四合院東邊一排是餐廳廚房。伙食當然比台大的學生餐好。同事中大多是老前輩，大陸上來的老學究也有三、五人，他們操著很重的方言，對學生們來說倒是一種聽方言的訓練。年輕老師多數是師大畢業的；兩位天主教神父：黃神父教英文，李神父教公民，他是天主教籌建中的台東工業職校未來的校長，兩人都三十出頭，有學養，談得來。

我是義燦的好友，一到台東就成了他們家的常客。河北人和山東人有許多相似之處。義燦在預備軍官訓練班受訓，家中只有二老和妹妹義芬，義芬師範畢業後當國小教師。我常在周末假日去李家打麻將，李伯母總是做點好吃的北方菜待客；李伯伯的農場主要種鳳梨，但各種水果都有，他常帶回木瓜、釋迦、楊桃等我愛吃的水果回來。電視劇正播放崔小萍的紅樓夢，非常轟動。

他們常問我一些關於該劇的問題或後來如何，這部書我從小在老娘床前聽姐姐們說書，自己也看過幾遍，情節如數家珍，連回目也能傾口而出，一時大受歡迎。

東中的教務主任姓溫，福州人四十來歲，訂了婚期要結婚，請我做賓相（伴郎），不料一砲而紅，從此成了職業賓相，一年之內做了九次。體育張老師、陳老師等，還有別校的。最抱歉的一次是關車門時把新娘的手指夾住，一時花容失色、珠淚滾滾，把臉上化妝的脂粉沖得縱橫交錯，好生歉疚。

每星期一的週會，全體師生出席，校長致詞後有一位老師輪流作專題演講，我曾是台大健言社創始人之一，有上台的經驗，我的講題「通往大學的迂迴之路」，敘述自己讀書的經歷，引人入勝，得到熱烈的掌聲，會後李神父和幾位老師都來致意。

廣東人吃狗肉有一套本領，冬令進補吃狗肉最好。教生物的劉老師喜歡組織狗肉宵夜團，參加者十元。他出去買狗，常常是牽著一條活蹦亂跳的黑狗回來，一棍子打死後放在滾水中刮毛，刮淨後用火燒烤，外皮焦黃了才開膛取出內臟洗淨，切成小塊放進鍋裡先炒後用小火燉，鍋放在地上，大家坐小板凳圍一圈，喝紅露酒，吃得不亦樂乎。

有個校工是退伍的老兵和我投合，他住的門房有小灶，一天他神神秘秘地叫我到房裡，掀開鍋蓋肉香撲鼻，盛一碗給我，湯鮮美、肉細嫩，問他是什麼，他笑笑說：「毒蛇，再來一碗吧！」又吃了一碗。

東中教職員籃球隊頗負盛名，我也做了基本隊員，有一回在縣城球場和某隊比賽，李義燦從清泉崗預訓班回家渡假也來支援，那場球是表現最佳的一次，連連投中。

　　過年春天接到亞洲來信，他已從聯勤退伍，一時找不到合適的工作，跑去瑞芳煤礦挖煤。這時期煤礦安全設備很差，常出事故。我立即去信叫他速來台東，找好了工作。他來後住在我的宿舍，在李伯伯的農場安排個臨時工，每天戴著草帽拿根竹竿趕鳥。我也拜託了李神父在他明年開學的職校安排個文書工作，可是過沒多久他的軍中同事在台北開汽車材料行，請他合夥，這是他的專長他就走馬上任去了。

　　我宿舍左鄰住的一位教體育的張鴻奎老師，是前山東省主席沈鴻烈的外甥。張為人豪爽，籃球健將，和我私交很好，常一道去吃小館子，有一家北方館我們是熟客人，常點的菜有：雞絲拉皮、合菜戴帽、大滷麵、蔥油餅之類。他的未婚妻是台灣人，從台中來看他，秀外慧中，善解人意，一對恩愛夫妻給我留下深刻的印象，可惜台東一別各奔東西，迄未重見，至今連名字也不能確定。台東縣警察局長有個獨生女初三準備考高中，請我補習，對我來說是輕車熟路，每周兩次，又做了幾個月家教。

（二）台北地方法院

　　學年結束，我匆匆趕回台北參加各項考試，暑假中學生宿舍空位很多，商學系的馬寧邀我住在法學院附近的十六宿舍。馬寧是泰安老鄉，晚我一年畢業，中英文俱佳。我參加了律師、書記官、研究所等考試，只考取了台北地方法院書記官，就匆匆進了法院上班。

　　在台東還留下一些行李，本想回去清理，義燦這時進了台東糖廠工作，替我辦了未完之事。他由於高考經濟行政及格，預訓班結業後便獲分發工作。

　　暑假過後我需要有個安身之地以便繼續應考，張振東先生邀
我住在他們的警總眷村宿舍。他們夫婦平時帶小烽、小敏住一女
中宿舍，為了交通方便；我和小東（張毓捷）就住在興安街的眷
村宿舍後院加蓋的兩間房子裡。他正是高三畢業班要參加來年的
大學聯考，我也不甘心在台北地方法院當個案牘勞形的書記官，
準備來年的各項考試。

　　毓捷念數理科，功課上我能幫他的地方不多；但我考試的經
驗、文法科方面的常識仍有許多助益。二人在這棟房子懸樑刺股
一年有餘，次年他考取第一志願大台電機系，奠定了一生事業基
礎；我先考取郵政特考進入台北郵局做了一年高級業務員，再
考取文大法律研究所走上留學之路，這一年又成為生命中的一
大轉捩點。

　　張叔嬸周末回來，家中熱鬧，課業緊張時期我常帶毓捷躲
去附近的法商學院找空教室讀書，吃飯時再回來。他們家的常客
是毓秀夫婦、克強大叔等人，張嬸走時常為我們做了一些吃的。
到了考試前的關鍵時期，他們就不再回來，二人通常中飯在家裡
吃，晚上去龍江街廣東館吃豬手麵，豬前蹄叫豬手，這家店做的
特別好吃。

（三）台北郵局

　　台灣的郵政一向有很好的聲譽，郵政是國營而獨佔的事業，
工作穩定、待遇優沃，從業人員都須通過考試才能入局。正式的
業務員考試分高級和普通兩種，由考試院籌辦，相當於每年舉辦
的公務員高普考，這個考試視情況需要，所以叫做「特考」1962
年的郵政特考分三區（台北、台中、高雄）舉行，共錄取「高

員」二十一名。入局之日郵政管理局王局長講話說：「恭喜你們二十一人從幾千人中被選出來，考試院辦這次特考耗費三百萬，所以你們每個人進局國家都花了十幾萬新台幣。」大家都慶幸有此好運；可不久我就有點失望，郵政局的官僚氣和黨氣都很重，由於它是一個深入民間、遍佈全國的事業，國民黨的安全組織控制得很緊。

第一個工作是派到台北總局的聯郵組，翻譯外國來信的地址。外國來信多半寫洋文的名址，必須把它翻譯成本地的中文地址郵差才能投遞。這不是翻譯文章，地址是街名、城名，很簡單容易，不需太好的程度，工作人員職級較低；組長李榮慶是高員，能力很強，勇於任事，而且有很好的文學素養，經常在報刊發表文章。副組長張任昌廣東人，青年英俊，他們都是早一屆的高員。

同時考進來的有一位山東同鄉趙世舉，他原來就在郵局工作，讀法商學院（中興大學前身）夜間部法律系，是一個克苦進取的山東大漢。

不久我就遷入信義路三段的郵政新村宿舍，在這裡遇到台大學長，同住過潮州街第三宿舍的方文淵，他的英文程度極好，是早一屆的高員；孫麒是湖南震華學院的學長，也是早期的高員，還有一位山東老鄉石公愷年齡稍長，職位也較高，其實都是少壯派，而此君工作之餘不停地進修，英文之外他又通法文和西班牙文。

我在聯郵組工作時了解到情治（公安）部門如何檢查外國來的郵件：郵袋開封前檢查人員圍坐在長桌的四周，打開郵袋是一綑綑整齊的信件，他們就各自取來一封封地過濾，遇到他們要查

的信件就帶回去研究，之後送還聯郵組投遞，掛號信拿走時要登記；當然他們有一定的線索，比如某人被懷疑，他國外的來信就在這裡被檢查。

在聯郵組工作大約一個來月就被派往中山北路一段的第九支局，見習窗口業務。局長是一位四十來歲風度很好的本省人，時值年關郵局工作繁忙，我也參與了實際的窗口業務。同仁中有位管儲匯業務的王小姐，膠東人，流亡學生出身，一見如故；高小姐中學畢業考進來聰明勤快；一位廣東青年，經常含一片人參，說太勞累要提神，這些人都是典型的敬業的郵政工作者，對我都非常友善，可是我對這個「高員」工作愈來愈失望。有一天我去見總局的簡爾康局長，問他「見習工作還有多久？將來的工作是什麼？」他好言勸慰：「你們將來是郵政的棟樑，當然要了解基層的業務，實習結束後會分派正式的工作。」我知道正式工作有兩種：一是基層的像聯郵組、支局；一是行政部門的各單位。這像軍校畢業的見習官，一個有報負的職業軍人，應該下部隊做帶兵官從排連長幹起；進總部當幕僚，安定舒適，非有志之途。我前面說過郵局是個深入社會各階層的國營事業，從業人員眾多，台灣當局控制嚴緊，官僚習氣很重，引起我反感的第一個事例是郵政工會：中華民國是萬國郵政公約的成員，各地都有工會，工會是花瓶，一群黨棍把持工會還指高氣揚，第一天報到就碰上他們，印象惡劣。我既不想做郵政棟樑，也不想在總局謀一個安定的職位，決定繼續尋覓前途，伺機而動。一年以後中國文化學院草創，招考第一屆研究生，我考取了，又是人生的另一程。

五、更上層樓──陽明山中國文化學院

1963年張其昀[20]先生創辦中國文化學院，張先生是蔣介石總統的身邊紅人，從教育部長轉任國防研究院主任。這是國民黨高級幹部集訓講習的機構，蔣總統經常親臨致訓。研究院設在陽明山莊，位於半山之腰，環境清幽，房舍建構簡潔舒適，配合高級官員集訓需要，四人一間，有溫泉浴室。

這一年國防研究院改制，房舍有空檔一年，張先生籌建中的中國文化學院（原擬命名「遠東大學」，經蔣總統親自修訂為「中國文化學院」）在附近建築的校舍方才動工興建，張先生先利用國防研究院的空檔成立研究部，招考第一屆研究生八十名。研究生是全公費的，月發二千元，量身訂做西裝兩套（冬季深藍、夏季淺灰）。這種研究生的待遇真是開了學界的先河；而這個研究所實際上與黨、政、情治均無關係，僅僅是張先生個人的一番心血、一個宏願的實現：「陽明講學承中華之道統」、「接革命之薪傳」、「振衣千仞岡、濯足萬里流」。陽明山莊的日子很有古之先賢書院講學的的味道，一日三餐師生對座，張先生還常邀請名流高士來訪，與同學共餐。

八十個研究生分屬十二個學門（系）：政治、經濟、法律、中文、歷史、地理、藝術、教育、三民主義、家政，雖然研究生的待遇如此好，而且公開招考；但由於倉促成軍，選拔並不嚴謹，素質不算太好。

張先生的班底有以下諸師長：

---

[20] 張其昀字曉峰，浙江寧波人，南京高等師範史地系畢業。「南高」與「北大」齊名，並為當時的全國學術重鎮。

　　孫宕越教授任教務長兼地理研究所主任，孫先生留法的前輩，也是張先生做教育部長時的政務次長，後出使巴黎做駐聯合國教科文組織中國代表，剛才卸任回國。

　　盧疏駿教授，偉大的建築學家，華岡校園的設計師，他要把終生的理想在華岡實現：中國的風格、現代化的結構；他同時擔任建築研究所主任。

　　宋晞教授，張先生的大弟子，宋史權威學者，擔任歷史研究所主任。

　　瞿立恆教授，早期的留英公費生，英文造詣極深，建校的英文資料都出於他的手筆，張先生大部頭的書如「中華五千年史」都是他翻譯的；他是才子型的人物，有點瘋癲的味道。

　　胡品清教授，詩人、文學家、法文教授。

　　葉霞翟訓導長，蔣介石總統的愛將胡宗南將軍的遺孀，美國威斯康辛營養學博士，兼家政研究所主任。

　　其他林子勛、姚國水、陳……諸先生都是創校時期的功臣。

　　陽明山莊的日子，殊堪回味。

　　上面的相片是為歡迎梅貽琦博士夫人李岑英女士，她是哈佛大學燕京社重要成員，來校擔任一年的英語教學，我有幸分配在

她的班上，建立了深厚的友誼。她左邊是張其昀先生，右邊是胡品清教授，最右邊是葉霞翟訓導長。

各研究所的主任、教授大多是兼任，法律所的主任立法委員張先生，早年留美法學博士。教授一律兼職，其他各所亦是。

研究生每人必須選修一門第二外語，選法文的有我們十多個。胡老師教學認真而嚴格，大家學習得很起勁，因為可念的書很少。一年下來法文打下良好的基礎，師生建立了深厚的情誼[21]；同時也了解到她個人的一些情況：

胡品清教授原籍浙江紹興，1920年生，浙江大學外文系畢業（西南聯大），法國巴黎大學學士，巴黎大學現代文學研究所研究員。她的「中國古詩選」和「中國新詩選」都是聯合國教科文組織出版發行的；她人在巴黎經常為台灣報刊撰稿，極負盛名。

胡教授家學淵源，自幼跟博學多才而嚴厲的祖母苦讀經史子集、詩詞歌賦；入學讀書熱衷文藝；在浙大外文系時期投入西洋文學的研究；進入巴黎大學文學院是從大一讀起，與法國學生受同等待遇，一年後脫穎而出成為文學院的翹楚。

五十年代中她與法國駐華武官亞歷山大紀業瑪上校 Alexandre Guillaume 結婚，做過多年的外交官夫人，包括法國人在越南的風光時代[22]。紀業瑪才識淵博，中文造詣很深，對中國問題有深入的

---

[21] 這一班學生值得一提的有李萍子，師範大學法語中心主任，致力於法語教學三十年、她先生朱諶，政大研究所主任、林享能、黃貴美、賀敏琳、邱榮男、都是外交界的知名之士。高準是名詩人

[22] 法國名片Emmanuelle描寫的那個時代，而Emmanuelle實有其人。

了解[23]，但不是一個風花雪月的情人，他們的婚姻生活形式多於愛情，由於譯介「中國現代詩」，她與居住台灣的現代詩先趨覃子豪先生建立了文字交，進而成為她夢幻中的白馬王子；正好她浙大的老師張先生邀請她來台任教，於是她揮別了丈夫來到陽明山上，其時覃子豪已是癌症末期；她一到台灣受到文藝界的歡迎，詩文在各種報刊上源源而來。

除了讀法文我也熱衷文藝，對於胡老師那些新詩尤其傾倒，華岡出版部為她出的第一本書「胡品清譯詩及新詩選」有許多不朽的篇章如「鮫人之歌」、「女神之再誕」、「蒼穹」都能背誦。我天生富有同情心，喜歡雪中送炭，常在某種節日聯合法文組同學給老師送點禮品表示感謝之忱；第二年遷到華岡，新建的校舍，細節尚未完工，山上風雨特多，胡老師住菲華樓常需要同學照應，漸漸地成為老師的閨中至友。

一個離婚的貴婦人和一個涉世未深、熱情率真的青年學子，在華岡以校為家的環境中，孕育出奇妙的情愫，不足為奇，無論在中國的傳統社會或現代化的兩岸三地都不能算離經叛道；遺憾的是黃某人，一介凡夫俗子，抱著很世俗的社會觀念；他們深厚的交往止於姊弟的情誼。他自始即表明他有他的目標，他的前途；她表示完全諒解：這是一個誠摯、關切深刻而沒有任何社會形式的交往；可是感情是駕馭不住的奔馬，而盡頭是飛躍不過去的屏障。

但她是性情中人：她要抒發自己的感懷、要用美麗的詞藻記錄繽紛的經歷，這期間她出版的書裡都有我的影子：文星叢書

---

[23]　1965年法國與台灣斷交就是他奉命來台向中華民國政府解釋的；民進黨
　　　精英盧修一的博士論文在他指導下完成。

「人造花」、皇冠叢書「夢的船」、水牛文庫「夢幻組曲」、水芙蓉書庫「夢之花」等等。

　　她說：「心契是精神協奏曲，形體只是小駐其中的櫥寄生」、「一般的愛情像花、像火謝得快、滅得快；崇高的戀情像長青樹」[24]。

　　她滿眶熱淚送我登機而去，再孤伶伶地回到她的象牙之塔裡，過她不食人間煙火的日子。然而造物是公正的、對待一個不出世的才人、善良而辛勤不懈地致力於美化人生的人，自有它的安排：安排她在感情的路上有一個接一個的白馬王子繼續出現；他們是各個領域中的卓越之士，有豐富細膩的感情、善良純正的胸懷，誘發她的靈感，讓她源源地寫出那些不朽的篇章。她在華岡新村那棟小樓上（她的香水樓）一住四十餘年；其間感情上的變化是詭譎的、現實生活是安定的、心靈的滋潤是充沛的，而經濟奇蹟、商業競爭使她成為出版業者紅氍上的貴賓，於是她就大展身手，充分地發揮了她的才華：不停地寫、不停地讀、不停地創作，四十年如一日。她寫作、閱讀和編輯的速度非常驚人，一本教學用的法文文法書可在一夜之間編寫完成，竟無一字之誤。

　　1997年她榮獲法國政府頒贈的棕櫚飾學術騎士勳章；1998年再獲法國文化部頒贈的一級文藝軍官勳章。她的健康狀況良好，這幾年寫作更勤，她究竟出版過多少本書？恐怕無人能算得清楚。

　　「最後的愛神木」中有一份「胡品清作品書目」，值得參考。

[24]　「慕情」，文經文庫13

十年後我回來了，帶著贖罪的心情上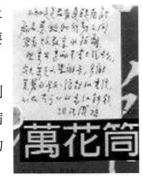
山，重敘姊弟的情誼。此後每次返台總要
上山一敘。歲月不居轉眼又二十年過去，
文大創校的師長一個個凋謝了[25]，自己也到
了古稀之年；老同學有的老去、有的疾病
纏身、有的失了蹤跡，而胡老師住在她的
象牙之塔裡，依然生意盈然。

她是唯美的空谷幽蘭，又是華岡之上臨風的玉樹，人如其
文，四十年她竟依然清麗如許；她那一筆娟秀多姿的字（字如其
人，很像她走路的姿態）除了更加有致之外也無老態；至於行文
的語氣就更不必說了。去年（2003）末出版的「最後的愛神木」
封底有她的近照，就是她近年的樣子。

她愛紅塵滾滾但絕不貪戀，更不願纏綿病榻，她要「善用每
個日子，將之視為最後，祈願在講壇上傳授中西文學時，無疾而
亡。」[26]我誠心為她祝福，深信她會如願以償。

研究所第二年有幾位新教授進來，法律所主任換了劉甲一，
台大的老師。

馬漢保開了法制史專題研究，馬先生青年英俊，在台大時穿
長袍坐私人三輪車來去，有徐志摩的風采，我沒上過他的課，現
在來講專題，很精彩；若干年後他到魯汶參觀時由我作陪[27]。

25　常懷念曉峰先生、孫宕越師、黎東方師和一些創校的元勛：葉霞翟博
　　士、宋晞先生、姚國水先生、林子勛先生、張宗良先生、邱正歐先生、
　　周道濟先生等人

26　「萬花筒」扉頁2002年「未來書城」文學書043。

27　馬先生的父親馬壽華英年入司法界工作，做過各級法院法官，來台後做
　　蔣介石總統的法律顧問；他同時精研繪事，也是知名的畫家，蔣夫人的

　　黎東方教授，台灣的名史學家，巴黎大學博士、口才和文筆都鋒利，英文、法文都流暢；抗戰時期在重慶定期演講，和名史學家陳致平（瓊瑤之父）唱對台，黎先生的演講賣門票，座無虛席。他當時的課是為史研所開的，大家都去旁聽。這時台灣社會新聞「丹妮爾」事件轟動一時，緣由為台大留法青年教授陳某、在巴黎的女友帶了初生的嬰兒找來台灣，陳為有婦之夫，丹妮爾只有幾天的簽證將被驅逐出境，黎教授出面收養丹為義女，使她可以留下來解決法律問題，成為佳話；據說台灣的史學界門戶之見甚深，黎先生進不了台大、中研院一肚子悶氣[28]。

　　我在文大的碩士論文是由韓忠謨教授指導，韓教授是我台大法律系的老師，家學淵源，新近從美國專研證據法回來，我的論文「舉證責任之研究」是他的專長，順利通過，並在他主編的司法叢刊上發表。

　　畢業後留校做博士研究生兼法律系講師。這時文化學院已蓬勃發展，研究生已畢業三屆，大學部除了華岡校本部，並在城區設夜間部，有一次我在商學系監考發現一個漂亮明快的女生，竟是台大總教官郭將軍的二小姐鳳西，一見鍾情，不久兩人就墜入情網；愛情之路曲折離奇，但已緣定終身。

　　博士研究生每人兼任一班大一的導師，我擔任法文系的導師，這一班的水平很不錯，許多人後來頗有成就，值得一提的有：

　　楊清源，澎湖人，外交特考進外交部，再到魯汶深造，派駐過許多國家做代表；徐開屏法文系畢業後再讀法文研究所，考進

　　國畫老師之一（Google資訊）。

[28]　當時的國際漢學會議大都由台大的許倬雲教授領軍，八十年代中夏威夷有個漢學會議，黎教授以海外學者身份與會，即席發言痛斥許倬雲（史接雲教授口述）。

外交部初在非洲工作，舒梅生大使駐比利時期間他也在代表處工作多年，他夫人諶文斐也是法文系的，和我們相交深厚；其他想得到的有：陳明、黃昭光、萬慧琳、葉宏毅等人。

法文系日益壯大，記憶中有幾位法文老師：

龔寶愛修女，比利時人，她是永和天主堂的修女，我還參加了她的「終身願」儀式，日後她回比國還了俗。

蘇秀發教授，她是外交部史克定參事的夫人，旅法多年，法、英文都好。

Madame slosky，匈亞利人，教學經驗豐富，發音略有外國腔調。

1964年教育部成立歐洲語文中心，由張兆張督學主持，他自己也教課，但以Madame Slosky 為主，後來有一位在巴黎長大的張愛琴小姐，教會話，正宗巴黎口音，據說是張道藩的妹妹。

天主教有個女子佈教團，成員是單身奉獻教會的女士，猶如穿便服的修女，台北的主持人斐玫（Palemes）女士，比國人，家中常有法語話動，也常去參加。

魯汶大學醫學院畢業的一對青年夫婦畢德林（de Bilderling）和太太安妮 Annie 來台大醫學院實習並跟吳惠平醫師學針灸，在偶然的機會認識，他們借住在親戚家（國民黨核心人物詹純鑑），許多小事需人協助，漸漸成為好友。

第四章

彷徨的壯年

一、初抵魯汶

　　1965年比利時魯汶大學副校長德阿衣瑪各（de Raymaecker）
主教應邀來台訪問，張創辦人請他來華岡參觀，我負責安排接
待，張先生即席推薦我去魯汶深造，他回去就寄來申請表格，幾
經周折，至次年獲得魯大的全額獎學金，辦理出國手續。比利時
駐台領事吳先生（Mr. Roux）是一位比國商人[1]，照章辦事，拖到
十一月才拿到簽證；高雄要塞通信連的洪連長這時已從軍中退役
在台北開旅行社，我向他購買機票、安排行程，沿途在香港停一
天、在飛機上過一夜、在羅馬停半日。我於11月18日早班飛機到
香港，中午會晤許清標的弟弟、張任昌的妹妹，晚上彭國棟先生
請吃廣東飲茶；彭先生是德麟叔的老上司，前山東省民政廳長，
他是北大文學系出身的湖南才子，到台後從事學術研究，出了許
多學術論著，錢穆請他在新亞書院教書，估計他當時不過六十，
身心健康，興致很好；他對台灣政情瞭若指掌，陽明山張先生的
事業也熟知，這天他縱談國事非常精闢；與侍者用廣東話交談，
也應用自如，令人佩服。

　　夜間飛行一早到羅馬機場轉機，中間有六小時之久，剛好可
以參加一個市區旅遊 City Tour，第一次嘆賞羅馬雄渾的建築。
下午飛抵布魯賽爾機場，韓神父和鄭開杰來接，畢德林的岳母
（安妮的母親）Madame Lievens 也來了，她在魯汶讀獸醫的小
兒子開車來的[2]。

---

[1]　此人娶台灣太太晚年在比京養老，常參加鳳西辦的老年人活動。

[2]　和 Madame Lievens 一直往來無間，她的小兒子 Emmanuel 畢業後在魯汶
　　鄉下做獸醫，大約四十來歲車禍喪生，她最後搬去比國的風景城布於日
　　Brugg 養老。

　　直接住進天主教中國學生之家，這天晚上有一個晚會歡送林志鴻學長歸國，他是越南僑生，在魯拿了學位回台服務，進了外交部有卓越的表現。

二、第一封家書

　　我到魯汶的第二天寄出一封家信，寄往我的故鄉，這樣的信在台灣不能寄，那是觸犯戒嚴法的，來到外國迫不及待寄出這封信。不到一個月竟然接到母親的回信。這是1948年離家十八年後第一封家書。這封信是由侄兒黃新民帶到上海投寄，他是紅衛兵去上海串連的。

　　原來我那封家信給家人帶來想不到的好處：第一、政府對海外人民加緊統戰。第二、本來我被劃定為國民黨的反革命分子，不知隱藏在哪裏，現在竟在歐洲出現，公安機關放心了。第三、我將會成為外匯的來源。

　　母親的信帶給我無比的激動，熱淚盈眶、渾身顫慄，關上房門一讀再讀。從此開始積極接濟家人，把一部分獎學金按時寄去添福莊，改善了他們的生活；最重要的還是在那樣一個悲慘的環境中，家人得到物資的援助和精神的安慰；母親信佛，只有拜泰山老奶奶之賜。除了匯錢，也買一點東西寄回家去，小何陪我買毛線、布頭等物寄一個郵包。

三、學業的選擇

　　闕永芳是我在教育部歐洲語文中心的同學，早來一年，他有獎學金，住在另一個外國學生之家（Maison St. Jean）。一到魯汶

他就帶我辦理些手續，決定讀國際公法，屬政治學院，要先讀碩士 Licence 才能寫博士論文，要念許多政治系的基本課程非常辛苦；在選擇學程上是個錯誤的決定。永芳介紹我認識一個南韓法律系畢業後來比的，從頭念法律系，五年後畢業頭銜是法學博士（Dr. en Droit），這是當時魯大的學制[3]，據他判斷我是法律系本科碩士可以插班從三年級讀起，兩三年可拿法學博士，我常想如果當時像那個韓國人進法律系，三年拿到法律系的博士，頭銜不錯，法律系總是本行，回台灣教書，又是另一程人生道路。可是我在政研所已經註冊選課，要從新轉系有無可能？國際公法是我早就想好要學的，一念之差就沒有去試一試。

　　我的法文程度已有閱讀能力，但聽課應對還差很多；讀書環境是很誘人的：從世界各地來的莘莘學子穿梭於古老的小城裡，教堂的鐘聲、酒吧的喧囂、中國之家裡面中國同學的活動，令人目不暇拾。

　　我的獎學金推薦人有三個：一是胡品清教授、一是黎東方教授、再來就是魯大東方哲學系的史接雲教授，1965年他陪魯大副校長（Monseigneur de Raeymaker）去台灣訪問，張其昀先生即席推薦我，他也做了推薦人。獎學金通過後他最早得到消息寫信通知我，當時學校正式公函尚未發出，所以一到魯汶便去致謝。

四、中國之家和中國同學

　　中國之家的全名是天主教中國學生之家（Foyer Catholique des Etudiants Chinois），位於靠近圖書總館的一條街上（Rue des

---

[3]　這個制度不盡合理，法律系五年其實是大學的學士，只是名為法學博士而已，不久就改制取消了博士頭銜，東海法律系來的范史光念了這個法律系就不再是博士。

Joyeurse d' entrée 28）是一棟四層樓寬大古老的建築。那年還是謝凡神父[4]做指導司鐸，我住三樓（2e etage）隔壁是陳秉璋，對面是郭建中，蔡政文住下一層。邱凌華、蕭蘭男、陳之朗、陳之越等也都住在這裡。大家中午在大學餐廳用餐，學生飯票十三比郎。第一次去大學餐廳吃飯，遇到何康美、袁斾和楊靄麗，她們是「老娘俱樂部」的創始人，尤其小何口沒遮攔，開口「老娘」、閉口也「老娘」。此外，香港來的張佑賢和陳玲玲是一對，邱林華是政大來的，最熱心公益服務，我來後的第二年就回政大工作。

晚上中國之家有伙食團，輪流做飯，兩人一組。不住宿的也可以搭伙，也可以當天登記吃客飯。施光、闕永芳、顏國永和一些女同學都住在外面，經常參加伙食團。這一年常見面的同學還有以下諸人：

錢憲和、憲強兄弟，江迺康越南僑生已和比國同學結婚，他的法文極好，以後替我改論文。周昭強也是越僑學醫，中法文都很好。何肇元是香港來的，天主徒，音樂素養很高，是歌唱團的總指揮。他們都是早兩三年來的。

林秀峰好像住比京，凡事很老練的樣子；袁怡是天才兒童，學小提琴的，大約十六七歲，和林秀峰談得來；張偉寧獨來獨往，很悠然，散文寫得好，常在中副發表；邱慶群香港來的，法文流暢，完全融入外國學生之中；泰國張是泰國華裔，一表人材，不記得其名，住在中國之家隔壁的教會機構。

吃晚飯是磨牙煉嘴的時候，一個比一個鋒利。鄭開杰是衛嘴子（天津人口齒靈利）很鋒利；陳秉璋愛吹牛，巧事都給他遇上，每當他講完一件奇遇，劉海北就接一句台灣國語

---

[4] 附錄12「謝凡神父」。

「是嗎？」。小陳聲音尖細，電話中人家常以為是女的，稱他 madame，所以外號又叫 Madame。何康美短頭髮，不愛女性化的打扮，有一次上女廁所被看門的叫住。

1966－1967年開杰做同學會會長，每年春節中國之家都舉辦中國年慶祝晚會，邀請中外友人來共度農曆新年。同學會的代表到各處募捐，當時的中國駐比大使館還是台灣的中華民國，陳雄飛大使很關心學生的活動。華人餐館有的給錢、有的送菜肴，魯汶的集粹樓給了一大鍋冬菇雞湯，最受歡迎；來的客人有同學們的師友、大使館的官員、僑界人士……，同學們把中國之家裝扮的喜氣洋洋。

春節過不久，五月第二個星期日到了母親節，同學們在中國之家慶祝母親節，合唱遊子吟，許多人哭了。後來開杰不做會長了，仍連年主辦母親節。

五月以後春暖花開，同學們卻進入了「戰備狀態」，為大考拼鬥。我一向早起讀書；許多人喜歡熬夜。常常我起床遇到小郭就寢或小陳端一盆熱水到房中泡腳。

五、慕尼黑避靜

第一年六門課順利通過，有一年的時間準備碩士論文，心情愉快、參加了神父們主辦的慕尼黑避靜。賈神父從台灣來，這是一次隆重的教會活動，集合了教會的精英和歐洲各地的中國留學生，在慕尼黑一處山明水秀的院落，進行了多日的「退省」（Retraite）。每天聽一些「道理」，也和幾位神父交流；中間還穿插一些娛樂節目、團體遊戲。第一次認識李天慈，欽佩她的德文流利和領導團體活動的能力。退省結束賦歸，我與朱本明、蕭

蘭男結伴返比，還有兩位在德國工作的護士[5]同行，一路上頗多趣事。

老朱的鞋子必須「退休」，在海德堡街上買了雙新皮鞋穿上，店員把他的破鞋裝進新盒子，他提著回旅館。晚上要去萊茵河葬鞋，大家陪他走到橋上，他用力把盒子甩到河裡，口中念念有詞，好像在說：「鞋啊！你跟了主人一生，鞠躬盡粹，今天把你葬在這滾滾的江水裡，也盡了我一番心意；可是啊！今日葬你，來日……」一轉又上了黛玉葬花的調子，觀眾感動不已。我寫了一篇「葬鞋記」為證。

暑假過後同學會改選，我被推上舞台，我邀請何康美做副手，施光負責康樂、永芳會計、曉明外交、……組成了1967－1968年的魯汶中國同學會，其實比國其他地方也沒有同學會，全比國只此一家而已。這時謝神父走了，韓廷光神父接任指導司鐸，一切活動都和他通力合作。

這一年來了幾位新同學：陳黎琴台灣埔里人，很秀氣，有女性溫柔的氣質，很受男生的歡迎，她是史教授幫忙辦來的，來到後被安置在一個比國人家，一天購物時遇到何康美和別的同學，才知還有這麼多中國人。

余叔謀政大教育系碩士，來到後直接進教育所念博士。汪全渠在政大政治系畢業攻讀政研所碩士（Licence unique）。

吳榮義台大經濟系、經濟研究所碩士，也是直接做博士；還有馬林（Malines）飯店的何家姐妹何少芳、何潤儀，從香港來後在法文所（Institut des Langues vivantes）註冊學法文。

---

[5]　兩位護士不記得名字，一個胖胖的是魯汶同學某人（譚天佑）的女友，以後結婚，定居美西；另一位香港去的秀外慧中、曾多次到魯汶遊玩。

中國之家有個圖書室有中外報刊,有電視,還有不少中文圖書;大客廳平時擺一桌乒乓球台,孕育出無數高手:蔡政文段數很高,徐道昌大夫也是高手,老一輩的史教授,球路古怪長於短打堵截;小何球藝平平但有怪招,打到緊張處鞋子脫了,爬上桌子;吳大個雖然腿腳夠長,也曾爬上球台。

六、中國之家的中國年

這一年我們擴大慶祝農曆年,捐來一些錢和吃的,請來很多老華僑:禮品店的張士良夫婦帶了一位德先生夫婦、是同一時代來歐洲留學的。德先生娶了比國太太,有幾個兒女,一生活在比國人圈子裡,中國語文全忘了(可怕),他收到同學會的請帖,看不懂請教張先生,張家就把他帶來;李醫生全家來了;江伯母迺康的母親,史教授當然不在話下; 陳長石和黃瑞玲帶了兩個兒女;大使館官員:趙參事,劉克俊新聞參事,他到任不久,教授出身,帶了夫人;外賓有政研所的主任德阿衣馬各(de Raeymaker)教授,他是我們好幾人的老板;其他許多外國同學。

慶祝會分作兩階段進行,下午酒會以外賓、使館官員為主;華僑是晚會的主客;但並沒嚴格劃分,許多僑界人士也參加了酒會;使館人員和外賓也有許多人留下來參加晚會。

酒會的小點心中西合璧,楊靄麗擅長西式酒會的小點心,諸如:各色吐司、乾酪插在圓麵包上很好看,還有整個圓球形麵包挖空,裡面填滿小塊的三明治,總之她的花樣很多而精緻,這樣

的場合，她總是匆匆地來、細心地做，做
完就走（她念醫很辛苦，分秒必爭），會
場上見不到麗影。

　　酒會時趙參事與我們老板 de Raymaker
寒暄，幾個徒弟都圍上去：小蔡、施光、
汪全渠……。

　　麻將有兩桌：張家夫婦、江伯母和老朱一桌；同學一桌是張
偉寧，老余，吳榮義，吳摸了一張白板說：「這張牌沒刻字」，
原來他根本不會玩，被趕下去。四圈後重組，老朱本來在張先生
那桌輸光出局，又跑來我們這邊，接了張偉寧。大家都逗他，眼
看又要進花園，忽然摸了副好牌，碰了紅中和發財手還有一對白
板，他是聽對導的一副是白皮，他一摸光光滑滑，該他神氣了，
「你們都完了，看看這是一副什麼牌，給你們開開眼：自摸大三
元！」翻開來原來是一張白板上面畫了個餅，當一餅用，因為這
沖牌缺這張一餅。摸起來是白板，翻開是一餅，他胡了炸胡，又
進了花園，真是絕牌，數十年難忘，怎能不記下來？

　　這個農曆年過得最熱鬧，之後剩下一點經費和物資，有兩大
桶醬油分給同學每人一瓶。陳雄飛大使送給同學會成員每人一本
相片簿，他提了名，「創造時代、復興中華」筆法秀挺。相簿上
貼滿這一時期的相片。

七、鳳西來到

　　1968年暑假鳳西文大畢業，
辦好了魯汶的入學手續。這時我政
研所的課都修完，只剩下一篇論文

（Memoire）。這一年來的新生有：許清標、王虎、沈以良、高儷、李秀萍、李天惠、劉會恩等等。鳳西和阿標同一班飛機，一再延誤，鄭開杰開車，我和神父三人跑三趟機場才接到他們。訂好的宿舍和開杰玉玲同一棟樓房（Marietherestraat）。鳳西有備而來，帶了一床大棉被和趕做的幾件做新娘的旗袍。於是我們就籌備婚禮。婚期決定在十一月底。

先辦市政府的官方儀式。魯汶的市政廳金璧輝煌，結婚禮堂美侖美奐。副市長主持儀式、簡潔而隆重。陪同去的有韓神父、史教授、開杰、玉玲、小何、永芳、阿標、盧修一等人。

小何在她的香閨（Apt Marie－theresst）準備了個小酒會慶祝。寶驢（盧修一）那時非常貧嘴，惹火了小何，大吼一聲：「盧修一，你再不住嘴就給我出去！」

八、結婚生女

一周後、11月31日再舉行教堂儀式[6]，同學們在中國之家為我們辦了酒會、餐會和舞會，非常豐盛：教堂是韓神父主持彌撒，曉明上台讀經，余

---

[6] 照片說明：左起為 Monseigneur Gossens 、韓神父、盧修一、王素玲、易忠錢，鳳西後面為劉會恩、高羅、陳秉璋、邱慶群、史教授；此外參加儀式的尚有：何康美、蔣曉明、顏國勇、曾慶雲、余叔謀、何釗源、林德復、施光、沈以良、張佩英、汪全渠、蔡政文、江伯母、 Pierre-Paul。

叔謀夫婦作證人，許多好友都到了；新娘漂亮的長禮服是玉玲連夜趕工縫製的（這件禮服有好幾位新娘穿過）；酒會的佈置、飲料、小點心等等都是同學們精心製作；系主任 Omer de Raymaeker、外國學生組的主任 M. d' UDEKEM、秘書 Madame Polus 都來了；也請了許多外國同學，畢德琳夫婦帶了他岳母 Madame Lievens 從列日趕來；韓神父，史接雲教授和中國同學們爭相接待客人。餐會席開十桌，汪全渠主廚，中國飯店送的湯和菜。晚會由施光主持，娛樂節目的合唱曲是他編導的，接下來則是舞會。

這是中國同學的一次盛會，同學們把中國之家佈置一新。老一代的還沒離去，台灣的新一代人剛到魯汶，1968/11/30這一天集合了以下諸君：

朱本明、江洒康、劉海北、席慕容、袁旃、楊藹麗、何康美、錢憲和、李天慈、尚文彬、周得臨、陳長石、黃瑞玲、陳明立、Vaincent、陳明芳、Vivienne、陳之朗、陳之越、邱慶群、Linda、李朝賢、吳榮義、林惠美、蔣曉明、蔡政文、陳秉障、江韶哲、張偉寧、郭建中、顏國勇、曾慶雲、余叔謀、易忠錢、闞永芳、楊佳雄、楊偉元、姚文聲、王素玲、陳黎琴、林淑娥、王孟雄、何釗源、林德馥、許清標、盧修一、陳倫遙（香港來

的）、梁逢釗、陳福來、曾玲嬌、袁懿、林秀峰、何少芳、何潤儀。

新到的一批帶來新風氣，有下列諸人：高儷、李秀萍、劉會恩、沈以良、鄭淑敏、定正倫、孟樹，幾位女將大方、活潑、美麗、瘋迷魯汶。

大使館的官員有：趙克明、邱榮男、羅楚善、傅維新及夫人張炳煜、陳慶蘇、黃誠、劉克俊及夫人賈淑琴。

僑界的有：魏蔣華、江伯母（江迺康之母）、錢大偉等。

晚會節目由施光主持，他還作了一曲是套用「羅馬假期」插曲「……in the fountain」的調子，「老黃你真有運氣……」，然後楊佳雄獨唱「我得不到你的愛情」[7]，施光、張偉寧伴奏，唱出他的心聲，他早對小何有意，但用心不專，小何一火不再理他，他不但唱這首歌，還要求閉幕典禮，小何說：「根本沒開幕，有什麼好閉的！」接下來舞會開始，各顯身手。

我們的新居早已安置好，是和開杰共租的一棟老房子，在納密門前魯倫斯大道（Rulensvest 41）。

結婚以後獎學金增加了，鳳西念法文班（L' Institut des Langues Vivantes）享受獎學金待遇，可是不久就懷了老大，初孕的反應很重，身體不舒服，連帶情緒也不好、心情也憂鬱。這一段懷孕的日子十分漫長，還好隨著肚子的膨脹，逐漸好轉，到了最後階段，進入夏季，天氣晴朗，心情也好了起來。天氣好就在

7　楊佳雄唱「得不到你的愛情」藉歌抒情，蒙頭伴奏的是張偉寧。

對面的林蔭大道上散步，之後又坐進咖啡店看電視，城裡有好電影也不錯過；可是頭胎總是很辛苦，7月21日比利時國慶日，頭天晚上開始陣痛，正如產婦訓練班上所示，入院的時候到了，開杰早已準備好，開車送去醫院。

蕭卡教授（Prof. Schockaert）是中國人的老朋友，大概在魯汶出生的中國嬰兒沒有一個不是他接生的。對於中國他常識豐富，甚至能寫幾個中國字，每次去看他，一面工作，一面逗趣，他喜歡用自己的嗅覺甚至味覺來辨識孕婦的分泌物，叫我非常驚異。這時是凌晨三點，護士把他從睡夢中請來，他立刻到產房接生，生產相當順利，衣玄一出娘胎就大哭一聲，我說：「這個小孩我見過」。

醫生做完手術走了，我在產房陪伴，忽然發現血流不止，再把教授找來，他急速做止血的手術，重新把一些紗布取出、清洗再塞入新布條，一切安全了，他才離去。鳳西送入病房睡了，我才回家。凌晨五時，右鄰的巴斯儉太太前來恭喜，他們一家人都在看電視，原來正是美國人登陸月球的現場轉播。

第二天蕭卡教授帶了許多助手巡視病房，對鳳西作了特別檢查，他的解釋是，血液很特別。這是暑假，他去渡假了，鳳西一周後出院回家，孩子很好，但她的出血問題不斷，兩星期以後再進醫院做剮子宮手術，這是個可怕的回憶，幾乎送命。

由蕭卡的一個年輕助教負責，是他做的檢查，作的決定、動的手術。

韓神父陪我們去的。手術用全身麻醉，過程約三小時，可是時間太長，醒不過來，神父陪我守在兩旁，看她臉色慘白、心急如焚、握著她冰冷的手不停地呼喚。終於甦醒了。後來她回憶當

時的感受說：「前面是一條長廊、一道黑門人向著黑門走，暖洋洋的、很舒服，聽見有人呼喚才想起孩子趕緊往回跑」。

九、比京自由大學ULB

　　1969年暑假我在魯汶大學政治學院國際關係研究所拿了碩士（LICENCE）轉入布魯賽爾自由大學（ULB）攻讀國際法博士學位。比京自由大學的學風與天主教的魯汶大學截然不同，校訓開宗明義揭示「學術沒有教條」的自由研究精神。我以台灣法律系、法律研究所資格（非魯大政治學院，所以光以攻讀國際公法的角度看，魯汶的三年是白念了）進法學院國際法中心在薩爾蒙教授（Jean J A Salmon）指導下寫博士論文，題目是：

「從法律和政治觀點看聯合國非會員國參與安理會之辯論」
「LA PARTICIPATION DES ETATS NON MEMBRES DE L'
O.N.U. AUX DISCUSSIONS DU CONSEIL DE SECURITE
— ETUDE JURIDIQUE ET POLITIQUE —

　　論文大綱順利通過，一開學就在研究室展開工作。每周有薩教授的兩節國際法熱門問題的討論。討論過南非種族問題、北愛爾蘭獨立問題、戰俘的法律保障、人權問題等等都很有意思。此外在研究室的咖啡時間，教授、助教、研究生也常就熱門新聞提出討論。一年下來自感頗有長進。薩教授替我申請到一份獎學金，他的推薦信寫得非常懇切，令人難忘。

　　可是現實生活卻變得非常複雜，外務特多。我們夫妻都好客，尤其是我好管閒事。這時鳳西在大使館文化參事處當僱員。文參處是屬於教育部的駐外機構，參事趙克明和我們關係很深。

文化學院時期的教務長孫宕越老師在巴黎做聯合國教科文組織的中國代表時趙先生剛出道,受知於孫老師,我到魯汶讀書與趙先生往來不少,鳳西當僱員也是他的安排。我們的經濟情況稍微寬裕後,就想到岳父郭將軍,他終身的願望是出國一遊,退休在家每天苦讀英文。

1971年4月我們接岳父母來歐洲旅遊三個月,非常盡興,他們走後我們就債台高築,只好再打些周末工還債。

十、衣藍也來了

在魯汶中國同學有個醫藥顧問李彪醫生,是同學們尊敬之人,此人出身上海的復旦大學,在比國從頭習醫,當了荷文區一家天主教醫院的外科主任,是馬太太京都飯店的常客。鳳西在京都打工,就約好去他的醫院檢查身體,我們是窮學生,對他是畢恭畢敬的。他問鳳西:「吃避孕藥嗎?」鳳西就拿出來給他看,他一把丟進垃圾筒裡,很氣憤地說:「男人應該從自己身上想辦法,不該讓太太受罪!」。人家說的是,不僅是避孕問題,連生活問題也是讓太太打工賺錢。這真叫我無地自容。回家以後不再讓她吃避孕藥,不久衣藍就來了,這麼可愛的二女兒,真得感謝這位大夫的直言。

鳳西懷衣藍和當年懷衣玄大不相同,她心情開朗,身體壯實,沒有任何不適。這時我們和王虎夫婦合租聖心女中附近的一棟小樓 Av. Henri Dietrich 11,1200 Bx,他們也好客,常常聯合請客,魯汶的同學常在這裡聚會。

有一位來自天津的商壽君女士,在比國念護理出身,在聖密歇爾醫院 St. Michel 當護士,離我們家很近,她介紹我們去看婦產

科主任滿儒 Mangeoir，滿大夫五十左右未婚，自己有診所，病人上千；看得很仔細，卻很少開口。1972年整個夏天，陽光普照，我們經常去城中心看電影，這時已經是有車階級，從一位外交官（韓）太太手裡買了一部1.2 Tenus 小福特。這天晚上看完一場電影回到家中，正要上床睡覺，鳳西忽然大叫：「不得了，洋水破了，趕快上醫院！」急忙開車去醫院，送進產房，發現身分證沒帶，趕緊回家取證，十分鐘回來，衣藍已經出世了，時為1972年10月13日農曆9月7日屬鼠。接生的是滿儒的副手，五分鐘內一切都做完了，鳳西像無事之人躺在那裏盯著小床上的孩子。我們進產房時外面有位先生陪太太上午就來了，看我們進出兩次就轉到病房，好生羨慕。

蕭卡和滿儒都是一代名醫，兩相比較，可見其不同之處：前者給鳳西驗血錯誤，臨床時才發現，他說這種錯誤不稀罕，在美國有百分之五。他的手下只見年輕助教，自己去渡假，把病人交給這樣的助教；後者的左右都是高手，年輕助教不能當大任。滿儒退休後他的大弟子德蓋然（De Keyser）接了他的診所，至今鳳西還看他。

1969年秋我們從魯汶搬到布魯賽爾，一個新居住環境有許多生活細節要請教別人，陳滿江是我在台北歐語中心習法語的同學，她和台大外文系畢業的高材生黃發典結婚、生兩個女兒，取名都是金庸小說裡的人物；老大叫黃蓉，兩個孩子都曾寄放過皇后辦的托兒所 Poupounnier Royale Marie-Henriette, Rue de la Fleche, 1000 Bx，她介紹我們去見院長馬德修女（Seour Mard），一個胖胖的中年婦女，很有權威和效率，我們的情況合乎她們的條件，衣玄長得又可愛，很順利的被接受了。此後就星期一早上送來，

星期五晚上接回去。起初我們沒有汽車，兩人坐電車接送，冬天
大雪路滑，有時抱著孩子、脫掉鞋子、穿著襪子在冰上行走。這
是個很好的托兒所，衣玄寄托三年，養成良好的習慣並打下健康
的基礎。

　　三年畢業後回到家中，這時我們住在聖心女中對門，她就進了
聖心的幼稚園。在馬姐小姐（Melle Martin）班上從小班到大班讀完
三年。每天早上送她去學校，在門口有一個十來歲的金髮女孩來
接她，起初我以為是學校的安排，直到有一天我才知道並非如此。

　　周末兩人都打工，孩子要托人照管，最理想的辦法是托付
給附近的鄰居家，怎麼找呢？我常常異想天開，有一天我寫了張
卡片別在衣玄身上「衣玄需要找個人家過周末」，並附上電話號
碼。晚上電話響了：

　　「我們是你們後街 Av. De la Duchesse 21號的鄰居杜牧蘭
（Dumoulin）家，歡迎你們來舍下坐坐」。

　　來開門的就是那個每天在門口等衣玄的金髮女孩。她叫珍
納維芙（Genevieve），她喜歡衣玄每天在門口等她、不是學
校指派的服務生；早上一眼看到那張卡片就摘下來。他們家有
一男四女：爸爸亨利（Henri）是印刷公司的跑外，媽媽愛麗
（Elly）原是學護理的，現在是專職家庭主婦，老大兒子米賽

爾（Michel），大女兒毛尼克（Monnique），二女兒珍納維芙（Genevieve），三女兒弗郎索芝（Francoise），四女兒尹沙貝（Isabelle）和衣玄同歲。這是一個非常和樂的家庭，爸爸懷抱著小女兒尹莎貝，媽媽不停地收拾，米賽爾大哥哥給妹妹們上課。這是純樸的小市民家庭，沒有華麗的排場，但卻整潔舒適。亨利是聖心女校家長會重要成員，每年的聖誕老人都是由他裝扮的[8]。他們一家人歡迎衣玄來過周末，談到費用，亨利說：「你們看她在我們這裡不增加費用，不必提了」。從此衣玄每個周末都在杜牧蘭家度過，在這裡她學到比國人一般的生活習慣和禮貌。

　　1969年十月比京自由大學的學生餐廳中國學生（都是台灣來的，大陸學生幾乎沒有）常常佔據一桌，像在魯汶的 Alma，大家高談闊論。常見的人有朱本明、劉海北、施光、鄭開杰、江韶哲、何章獻等等。

　　朱本明原籍山東兗州，和我老家寧陽相距六十華里，他台大外文系畢業，在魯汶拿了心理系碩士，來這裡讀博士；劉海北東海物理系畢業在魯汶念完物理碩士也來這裡攻讀博士學位，他和席慕容結婚，非常恩愛，老早就住在比京 Av. E Plasky, 1040Bx；施光好像仍在魯汶寫論文，只來這裡念書，他和江韶哲接了老朱的一棟老房子，房東是個孤苦的老太太，對中國同學特好。Av. De Viser 就在 ULB 附近。開杰在魯汶念行政系，轉到 ULB 改念海洋法；韶哲是台大法律系的高材生，但在魯汶連年生病，數次開刀，誤了學業，現在改念歐洲法（Droit Europeen），和我同屬薩爾蒙（Jean J A Salmon）教授的國際法中心。在此我要記述一下韶哲的事，1969－1970年他一舉通過許多學科的考試，在他

---

[8]　附錄13「冬冬亨利」。

們班上是少有的，也是他來比利時真正讀書的一年（以前都在生病），第二年準備碩士論文，不料這時他在魯汶的舊病轉為急性癌症，不久就去世了，重病期間老同學們輪班守護，去世後舉行莊重的儀式，薩教授親去致祭[9]。

　　再說鄭開杰他在魯汶政治學院念行政學（Administrative）不太順利，轉到比京 ULB 我們再度相逢，他念海空法（Droit Maritime et Aerien）[10]一帆風順，拿了學位又走了海運的路子，一生學以致用。魯汶的老同學書念得好的不少，但留在海外學以致用的不多。[11]

　　這一夥人中午在 ULB 吃飯聊天，晚上各回住處。先來敘述一下施光他們的老房子，朱本明住時我們便去過，那時結婚不久，他請我們去他家吃飯，從魯汶找來好不容易，終於摸到了，他老兄竟把吃飯的事忘了，他說：「不要緊，反正有東西吃」，他從不同的角落找出幾塊麵包頭，炒幾個蛋吃也滿香的。他是詩人，此一證也。他拿了博士學位就走了[12]，施光和小江搬進來徹底清

---

[9]　薩教授回到中心說：「韶哲是天主徒怎麼用火葬？」我說「這是權宜之計，運遺體回家太難了」。

[10]　人各有命，信不信由你：開杰台南成大畢業，在魯汶念行政不順利，到 ULB 改念海空法，照理法律系畢業才能進這一系，註冊時誤收，不便更改就讓他念下去，但後不為例，非法律系畢業就進不去。

[11]　開杰一畢業就進了董浩雲的東方航運 OOCL，成為董（浩雲）氏航運王國的重臣，許多運輸問題的專家；董建華做了香港特首、又把他的故國老將推薦給中國鐵道部，做海外高級顧問，2003年代表鐵道部來比京與歐共體談判，適逢春節我約了韓神父來家敘舊，可見他春風得意、和老友聚會，一面懷念魯汶的苦樂，一面暢談工作經驗，下午半天轉眼而過。

[12]　老朱到美國任教，念念不忘比國故人，起初常常回來尋舊，張家禮品店張士良先生和夫人劉慧是他的至交，每次住他們那裏，幾十年的老牌友，不玩錢的逛花園，他們聯合要把老朱趕進花園為樂；他要探訪故

理，施光說：「從一個鍋子上你可以刮下幾層不同的味道，一層炒蛋、一層蕃茄醬、再一層紅燒⋯⋯」，老房子很不錯，還有花園，他們裡外刷新，住得相當舒適。

劉海北家事也做得很好，在魯汶我們兩人曾經合作為同學會聚餐主持包餃子，他拌的餡，特別成功，以後常常談起那次的餃子好吃。衣玄出生不久他們來探望，看見她爭食的樣子，就叫她「黃小鳥」，這時我剛才買了二手車，領了執照[13]，不會開，每天飯後他就帶我在校園轉圈子。白天學了技術，晚上回家半夜練習，轉圈子沒事，路邊練停車噪音很大，忽然跳出來一位老太太，指著鼻子叫吼：「你再不滾開，我就叫警察了！」，抱頭鼠竄。

這是一個精神矛盾的時期，出國念書的衝勁在魯汶的三年耗光了，進 ULB 已是強弩之末；一個妻子、兩個孩子和一大堆外務。如果論文可以輕易完成那也就罷了；可對我來說不那麼容易，經過一年的努力深感學術之路前途渺茫。於是就決定從商，從商最方便的門路是開飯店。這一行已經很熟悉，而且也是最快積累資金的辦法。開飯店最要緊的是找個合適的地方。我們在愛德拜區Etterbeek、La Chasse 圓環附近找到一棟三層樓的老房子，樓下是個理髮店出讓，很快談妥，把整棟房子租下來。

舊，尤其是比國老人、詩友。我們夫婦做司機，窮鄉僻壤、非找到不可，死了也要找到墓地一祭。結婚以後來得少了。

[13] 那時駕照不用考，去區公所要就給。

第五章 　從商　順水推舟

一、玫瑰餐廳

　　這兩三年來除了還清舊債又積攢了十五萬比國法郎（約合五千美元），原可作為起步的一點資本，但卻借給了好友杜牧蘭（Herri DUMOULIN）。幾個月前他忽然跑來求救，說必須交付國家的稅款，如果我能幫忙，三個月之內一定歸還並加付利息，他可以提供銀行擔保，隨時可以去銀行折現。杜牧蘭和我們過從很深，多年來他夫人愛麗（Elly）對孩子的照顧太多了，無話可說，十五萬比郎一股腦給他拿去。三個月早已過期，他仍然還不出來，我不願拿他銀行擔保的借據（Trainte）去銀行貼現，只好另想辦法。

　　老同學闕永芳作保辦好了十五萬貸款。

　　裝修飯店請不起正式包工，就招攬幾個黑工。為首的是三十來歲的比利時人奧奈，少年時代和家人在非洲長大，回比後上過一年大學，搭上一個有夫之婦妮妮（Nini）走上婚姻冒險之路，面臨生活困境，他在馬太太飯店打工而認識。此人多才多藝，木工、電器，繪圖都行。其次是希臘人約瑟（Jose）、南斯拉夫人威廉共四個國際黑工。

　　一般包工自備飲食，我們因為已搬入居住，中午做點吃的請他們一起用餐。這時除了談工程也說些笑話，發現這幾人肚子裡都有些典故。

　　裝修費用超出預算很多，十五萬貸款轉眼就光了，飯店圈子裡熟人不少借錢不難，一開口就有，甚至連借條都不要。中國人和西洋人的不同就在這裡，中國人一句話算數；西洋人立了字據找好擔保也沒用。包工的工資有時發不出，他們說欠著沒關係，開張再還。從開工到開張不到二十天，各項費加起來大約七十萬比郎（約合三萬美元）。這裡要記載一下借錢相助的朋友：孔夫子飯店劉太太、鄧太太、杭州樓詹老板、詹盛不光自己借還呼籲青田老鄉相助。

　　1974年12月10日「玫瑰餐廳」（La Rose de Lune）開張了，廚房一個香港來的大廚小張（Tony），外面自己一人跑堂，鳳西兼管兩頭，一開門客人排隊進來，座無虛席。時值歲末各業興盛，客人都是附近的商家，出手闊綽，小店財源滾滾而來。

　　最爽快的客人是玩具店的 De Groot[1]夫婦，十二月份玩具生意最好，他總是先開一張五千元支票存櫃，用完再開，吃最好的菜、喝最好的酒，常常說的一句話是「我們今天賣得真好」。

　　七十年代全世界都飛黃騰達，台灣、香港、南韓所謂亞洲四小龍就在此時發跡，歐洲更不必說；比利時華僑做小生意的每天數錢，喜笑顏開；我們每天邊數錢、邊還債，七個月之內把帳都還清了。只有中國還在政治鬥爭，拼得死去活來。

---

[1]　附錄15「玩具店的老板德高特」。

二、第一個接來的留學生

　　郭家最小的妹妹竹君（小孕1951/09/21）書念得最好，初中北一女，高中北二女（後改名中山女中），大學輔仁紡織系。為她辦好留學手續，1975年4月來比。紡織在比國很先進，但大學沒有這一系，這方面的工程師都是一般各科的工程系出身；至於圖案、設計、漂染等技術人員都在專科學校培植。竹君的大學課程經同等學力鑑定只能在專科學校註冊，幾經挑選進了比京有名的翻譯學校。申請入學許可，自始即不容易：竹君是我辦理的第一個留學生，雙方都花了許多心力，拖了一年多纔得入學。可是翻譯學校談何容易，她念得很辛苦。

三、海邊分店

　　開店半年以後1975年5月中飯店休息日，帶了竹君和玄藍去海邊的奧斯當（Ootende）曬太陽，發現一棟老房子出租，原是一家咖啡館，設備都在，當即打電話連繫，房東立即來了，他說這房

子要拆了重建，但還不知何年才能動工，可以不定期出租，月租三萬。一言為定、當即簽了租約，玫瑰餐廳的海邊分店開始籌備。

分店 Succursalle 的營業執照很容易辦，物資條件也從本店分過去，人手要招募，大廚找到個香港來的 Jimy 邱、他有三個月的居留權，跑堂是杜牧蘭的大兒子 Michel Dumoulin 和 Monique 的男友職業跑堂 Andre。

所有餐廳內的佈置裝飾都從比京本店運來；那時的座車還是第一部二手貨 Ford Tenus 1.2，大壁畫（田曼詩的山水）綁在車頂上途中遇雨沾了水漬。比京距奧斯當一百二十公里，一周之內多次往返。有一次路上大雨傾盆，雷電交加，幸而遇到個橋洞躲避。

杜牧蘭一家住到樓上，Tantine Elly 管兩個孩子，鳳西坐鎮比京老店，星期二休假率領全班人馬來海邊渡假，各地的朋友也來湊熱鬧。海邊旺季，每天爆滿；飯店下午收工，大家都去海灘曬太陽，晚上收工又去酒吧舞廳胡混。員工都是年輕人，少不了羅曼蒂克的故事。

飯店對面有家咖啡館，屬家庭事業，有兩個漂亮女兒，飯店的員工常去咖啡店胡混，也常在海灘嬉戲；後來這個大女兒當了女兵還到玫瑰餐廳來看望我們；飯店有個香港來的學生打雜和杜牧蘭的二女兒 Genevieve 常在一起進出，他爸爸 Henri Dumoulin 說這兩人要是生個中比混血，一定漂亮。他兒子 Michel 很聰明，高中畢業說什麼就是不進大學，和一個世交的女友同居許多年，現在樂不思蜀，每天和女孩子糾纏。

這一段海邊分店的營業期間，因為是假期海邊旺季，玫瑰分店有吃有玩有住，接待了許多朋友，分述如下：

(一) 學界的：魯汶舊友何康美來過不止一次；盧修一、許清標都來歡聚過；有一位在台大同住過第三宿舍的王某、張文銓的好友從巴黎來找，商量合作開餃子店，我興趣不大，聽文銓說他回台灣再轉去美國終於開了餃子店，但不久自己患癌症去世。

(二) 飯店界的：有大華飯店的邱漱石太太、青田的陳仲波、孔夫子的劉太太等。劉太太這時剛把比京的「孔夫子」做起來，還沒開分店，看到我這個情況，有了些主意；劉老板是揚州大廚，幾個兒子都是好手，此後她先在布魯賽爾開幾家分店，再進軍到盧森堡，再回上海投資，一帆風順，成為比國僑界的大老。

(三) 上圖是下午飯店休息，大家在海灘曬太陽，左下角是小何和友人帶著衣藍。

下圖：左起：竹君、杜牧蘭夫婦、鳳西、珍娜費弗，在店中用餐。

　　郭將軍來比利時教拳的應聘手續早已辦好，八月中簽證拿到，他們這次要來和我們共同生活了，這是件大事，得從頭說起。

　　奧斯當的分店是隨興之作，有點膽大妄為，竟成為一生甜美的回憶；所有參與其事者（如杜牧蘭一家人、當年的廚子跑堂）提起這一段往事時都會滔滔不絕。

　　十月租期屆滿、玫瑰分店結束，人員如約解散，器物搬回比京，租一部小貨車由 Michel Dumoulin 開回去。喧騰了三個月又恢復了秩序，不同的是小家庭忽然漲大了一倍。

四、岳父應聘來比教拳[2]

　　郭將軍第一次來比利時，收了一夥太極拳徒弟，並作過幾次公開表演。有一家瑜珈傳習所取名「道學會」的[3]很有興趣，認為這個項目可以增加到他們的科目裡。郭將軍走後、我繼續在這裡練習，每星期日上午一次，但通常是在公園裡，我已權充教師，漸漸地形成了一個小團體，柯魯茲就在他的瑜珈中心正式加入了太極拳。我們開飯店以後無法在他那裏花許多時間，他們就希望郭將軍能再來比國。他們可以設法辦理工作許可，但卻請不起一個專任教練，最多只能按時計酬。這是個難得的機會，郭將軍退休後的最大願望就是到國外傳揚太極拳，尤其是再來比利時。他們夫婦如果能來住在我們家裡，竹君和鳳西固然重享天倫之樂，連小孩都多有照顧，他們沒有生活問題，社會福利、健康保險，

---

[2]　戴溫德DEVONDEL有法文文書 Vingt-cinq ans de Tai Chi Chuan a Etterbeek詳述始末。

[3]　Ashram du Tao, Av. E. Demoelder 43, 1030 Bruxelles; President Mr. Joseph Cludts.

都可以包括在我們名下，幾經商討達成協議。戴溫德負責推動，他是中央銀行圖書館館長，有許多社會關係，甲種工作證就辦下來了（A字工卡很不容易），連同道學會出具的教練聘書寄去台灣，自是歡天喜地，即刻向比利時領事館申請簽證。這期間我們為他們的到來作了妥善的安排，給他們騰出二樓的一層和竹君共住。

他們於八月中來到，奧斯當的海邊開分店開得正熱鬧；鳳西帶著竹君在比京老店坐鎮，星期二休息日就帶一家人來海邊聚會。這時飯店生意鼎盛，錢來得從容，出手大方，皆大歡喜。

鳳西管財務，每人都領一份錢，分一個差事。竹君周末做跑堂，媽媽幫忙管孩子，爸爸很隨和，他看中了吸塵器，每天一早把餐廳吸乾淨。他每天都去道學會教拳，柯魯茲按時付鐘點費。教拳很賣力，常常回來汗透衣衫，媽媽就做些他喜歡的家鄉麵食：刀削麵、貓耳朵、拉麵、拿羔之類。拿羔最特別，把麵粉放在罩籬中，下面一鍋沸水，麵粉落入沸水，不停地攪拌，漸漸變成漿糊，再變成一個鍋餅，反覆烘焙，兩面焦黃，中間稀軟，起鍋後撕著沾泡菜汁吃，兩個女兒最為著迷，趕上她們在家，一定要多做些分給她們。

這時廚子是香港來的張錦漢（Tony），他是香港英文書院（高中）畢業的，持香港護照進比利時不需簽證，但無工作許可；他在中國飯店做廚子已經很有經驗，和長城飯店的大廚劉奕生是好友；我去開店小劉想跟我走，我說不行，我不能把老板的大廚挖走，再說：「梁老板正替你辦工卡，是個難得的機會，你要忍耐等候！」於是他就推薦小張來做我們的開店元勛。

小張是他們這一伙「香港仔」中教育程度最好的一個，他住閣樓，猶如家人，「郭伯伯」、「郭媽媽」、「小孕姐姐」叫

得很甜。每天一早我送孩子去上學回來，就帶他跟岳父去公園學太極拳。公園離飯店五十公尺，拐彎就到，中央有個戲台，寬敞平坦是練功的好場地。練功回來開始飯店的準備工作，鳳西負責一家的菜飯，飯後開門，客人排隊進來。這與一般飯店的習慣不同，他們都是晚睡晚起，起來就做工，收工才吃飯。我們晚上六點開門也比一般人早，十點以後不收客人，有時打烊得早還常帶上一家人去吃宵夜；星期二休息又常去各處遊覽。

　　一天星期二，陽光普照、帶他們去阿姆斯特丹吃中國海鮮，竹君也去了，酒足飯飽之後在附近散步，運河邊上是有名的風化區，春宮表演最享盛名。這種玩意在台灣哪裏見過。郭將軍不拘小節，他要請客，買票入場，這裡是一個大型的劇場，座位排列寬鬆，無人陪侍，出場演員個個年輕貌美，舞技高超。演到火辣之處赤膊上陣，真刀真槍；或兩人、或三人，忽而溫柔優雅、忽而地動山搖，絲絲入扣、嘆為觀止。記得岳母曾下過結論說：「這些人都吃了藥的」。這種表演在巴黎、倫敦等大都市也有，常常有舞女陪酒，台灣的朋友有多人被敲竹槓，女郎坐在你桌上即使不講話她叫香檳自飲，還是記在你帳上，保鏢過來不怕你不付錢。

　　岳母愛打麻將，在台灣有一班牌友，麻將會入迷，而且牌搭子良莠不齊，夫妻為此常有不快。來到國外，遠離那班人，也是岳父重大的安慰。鳳西知道媽媽的愛好，而且我們也打牌，也有牌友，就帶他們去張家古董店玩牌。張家的麻將花樣很多，就是不玩錢。岳母不愧是高手，對他們的路數一目了然，玩得賓主盡歡。岳父雖不上場比贏家還高興。從而又多了一項消遣，有時也請他們來家裡打牌。

岳父好交遊，教拳之餘自己也跑去張家閒坐。古玩店店面寬敞，擺滿了中國禮品，粗細都有，中央有一個起坐空間，擺了舒適的皮沙發、地八仙茶桌；再往裡是一間透明的辦公室，接連就是樓梯，上去一樓是起居室，廚房、餐廳、麻將牌都在這一層；再上面是臥室、客房……，張先生夫婦都是天津的世家出身，自幼在法國讀書，在比利時創辦了這家公司，規劃周全，經常去大陸進貨，精挑細選，很能投合當地人的愛好；另一方面：生意的結構和生活的安排等的整體規劃都非常高明，兩人每天衣著整齊雅致，配合著古雅的貨品，客人進來立即體味出古典的東方氣質；在個人精神方面，有機會運用所長（語文）宣揚自己所知，不乏自我陶醉之感。說到生活上的舒適娛樂已如前述，他們來往的多數是文人雅士，最常見的有哲學家趙鶴如神父、朱本明教授（當時還是研究生）、魯汶的學生何康美、蕭蘭男、陳之朗、小熊等等；七十年代末大陸上開始送學生到魯汶，他們常照顧，請他們過年吃飯，每人送一份禮品。

張先生的父親是前清武舉，他自幼習武，岳父教人打拳時常在人家面前吹噓，有點班門弄斧。一天他教完拳又去張家聊天，張先生問他：「你有A字工卡，應聘教拳，他們給你報稅吧？」岳父不懂。張先生繼續說：「應該報稅，就有保障，將來退休還有養老金可拿，去問問他們」。

柯魯芝先生的道學會經濟困難，請他來教拳言明在先，按鐘點計酬，生活自理，他們哪裏報得起稅。岳父向他們提出卻碰了釘子。

這一段日子最為平穩，飯店生意好廚房挺妥，外面有同學打工，自己坐鎮。家庭生活安逸，每個成員都分擔一點工作，拿一份酬勞。但是最不幸的事卻在此時發生了，就是岳母的突然去世。

五、岳母逝世

這年陽曆除夕之夜，鄰近的「李園飯店」請我們參加他們的舞會，我們闔第光臨了，大約凌晨二時回到家中，岳母忽然腹痛如絞，緊急送到附近的醫院急診，確定是急性盲腸炎，必須動手術切除。預定清晨動手術，打針吃藥穩定後睡下了，大家也回去休息。次日一早到醫院探望，岳母醒來不痛了，她說：

「回家吧！別治了，我們的保險還沒辦好，開刀要很多錢呀！」（疾病保險辦了、要六個月以後才生效）

聽到為省錢不治病了，我和鳳西都反對，一再勸說接受預定的手術：開盲腸小手術，錢的事不必考慮，她同意了，尒留下陪媽媽，我們回去上班。下午二時又都來到醫院，尒坐在手術室外，滿臉焦慮，大家苦候很久，醫生終於出來了，告知家屬說：「手術中發生了意外休克，盡力施救，未能挽回，已確定死亡」。

一時天下大亂，大家搶進手術房中，岳母面貌安祥躺在床上，尚有餘溫，眾人放聲大哭。我們找來家庭醫生 Dr. Decoster，要求醫院詳細說明，並準備追查醫生是否有疏忽之處。要控告醫院，追究出醫生的責任是不容易的；死者不能復生、不應再把遺體解剖化驗，岳父當機立斷，即刻準備後事，舉行了隆重的喪禮。遺體火葬後鳳西姐妹陪爸爸送骨灰回台，在台北再辦了公祭，骨灰存放在善導寺[4]。

---

[4] 十七年後岳父過世，同樣程式和儀式，將二人骨灰並放一處。第二年新民二哥過世也在那裏就位，之後二嫂洋子、姐夫張文銓都做了鄰居。經常接受親人的膜拜。

多年以後與經驗豐富的麻醉醫師和護士談起，他們認為麻醉用藥輕重和病人恢復期間的監護都是關鍵，於是聯想到鳳西生衣玄後的刮子宮手術，施用全身麻醉，久久不醒，把守在一旁的我和韓神父嚇壞了。當年（1956）德麟大叔食道癌在高雄開刀也是手術後未能醒來，只好認命了。

鳳西姐妹捧著骨灰還帶著兩個女兒，陪著爸爸回台。這時兄弟姊妹都還定居在國內，爸媽離開不到半年，房子的格調沒變，都住在家裡。接著辦完了喪事。竹君決定留在台灣，放棄比國未了的學業。爸爸決定再回比國繼續發揚國粹。兩個女兒初次來台，認識一下各家親友，了解一下台灣的生活環境。

一天晚上衣藍忽然大叫，大家跑來不知發生什麼事情，只見她蹲在地上兩眼瞪著一隻蟑螂，蟑螂反而給嚇呆了，一動也不動，原來她從來沒見過這種東西。還有一件事是岳父回來告訴我的：「這個小東西有一天一個人趴在那裏哭泣，說什麼「你們都是壞人，把我爸爸一個人留在比利時」，她那年兩歲半。

六、郭將軍重上征途

　　鳳西帶著爸爸和兩個孩子回來了，漸漸恢復了秩序。他老人家一個人住二樓，家中較前簡單，鳳西和孩子常在左右，也很溫暖；他一心教拳，道學會的外國朋友也都同情他、捧著他。日子漸有起色。

　　廚房的人事有變動，劉弈生原在龍門飯店當大廚，他回香港成親帶了新媳婦回來，龍門沈先生那裏已另有大廚；正好張錦漢[5]要與人合夥開店，就說動小劉夫婦來做廚房。小劉是非常有水平的廚師，他太太淑華，聰明靈活，「郭伯伯」廣東發音「郭爸爸」叫得很甜，岳父很喜歡她，說她長得像鄧麗君。他們夫妻把廚房工作弄得非常挺妥，相處融洽；外面有同學幫忙打工，生意一直旺盛，此後的三年是一段承平的日子；魯汶的同學在店中幫忙的當有周鐵林、徐純芳、馬傑偉等人。

　　這三年中旅行了美國、加拿大（1976）、埃及、蘇聯（1978）等地。第二次去美國（1977）是帶兩個女兒陪著爸爸去加州看二哥，二哥開車到各處遊歷，包括墨西哥、夏威夷。

　　先說1976年暑假我們二人陪爸爸去美國，飯店交由徐純芳經管，兩個女兒跟杜牧蘭一家渡假。我們從紐約下機，停留三天參觀了聯合

5　當時小劉、小張都是二十歲出頭，未婚，不久都在比國定居，回港娶妻，在比利時成家立業。這樣的香港青年我接觸過許多個，只有小張高中畢業，程度最好，也只有他忽起忽落。

國、自由女神等名勝。有
一位郭府的親友張繼文先
生在紐約市政府任職，他
們夫婦當導遊，先請我們
在中國城吃飯（他好像是
那裏的主管），飯後去世
貿大樓喝咖啡。之後乘火
車到華盛頓D.C.，參觀白宮
及其他名勝，搭飛機到洛
杉磯，二哥和洋子接機。
玩了迪斯奈樂園、農場等
地，與洋子的妹妹一家相
聚，他先生開他的豪華全
自動轎車帶我們去了許

多地方，最後二哥開車送我們去舊金山搭灰狗長途汽車橫貫加拿
大，在舊金山與爸爸再見，他再跟二哥回洛城。

我們在出發前買好的十五天汽車票非常便宜，從起用之日算
起任意上下，隨便你去哪裏。我們從舊金山經西雅圖[6]，到溫哥華
再到蓋格瑞看龍靈，那時孔德諒在一家地質鑽探公司當工程師。
溫尼派看王虎夫婦，他們才從加拿大朋友的農場走到城裡開店。
蒙特婁（Montreal）的朋友最多：老尚、開杰、都在那裏。從那裏
搭飛機去加拿大東岸的漁港哈利發克斯看陳耀祖，他夫婦開車接
機到他教書的五福鎮（Wolf ville），江玲帶君豪剛從台灣來不久。

---

[6]　文大第一期八十位同學中家研所有位女同學劉領第（好像是劉安琪將軍
　　的女兒）的先生張鶴琴在州立大學教中文。七十年代曾來歐洲旅行時在
　　比利時見面敘舊。

這是一次壯行：從歐洲飛到美東，再飛到美西，開車上行換乘長途汽車由西而東橫穿加拿大，從蒙地卡坐飛機飛到加拿大東角、再搭機到紐約轉布魯賽爾。全程不下三萬里，費時一月半。回到比利時，杜牧蘭夫婦帶著兩個女兒在機場迎接，回到家中門上貼著歡迎歸來的條子，上下一塵不染，飯店的賬目清清楚楚、都是純芳的功勞。

紅色帝國之旅遊覽蘇聯是帶了小劉夫婦和孔夫子劉太太同去；埃及帶兩個女兒；最重要的一程是回鄉探親。

七、重返故鄉、再見親人

1966年底開始與父母通信，可是等到1977年底才得返鄉探親。這中間的波折很多：主要的是身份問題（台灣護照）。1975年歸化比利時就申請回鄉探親，父親卻已過世了。1976年本已參加了比國華僑回國旅行團，這是最快的方式，到北京脫隊回家，可是卻因北京周總理喪禮引發的第一次天安門事件，旅行團的行程被主管部門臨時取消，所繳的飛機票錢七萬比郎（約合美金$2000）也損失了。這個事件必須一記：

旅行團是大使館僑務秘書呂某促成的，他找了一個姓何的華僑出面，參加的華僑二三十人，每次在使館集會研究行程、繳納費用，都由呂秘書和何某共同出面，行程取消只是臨時性的，等北京事平仍要起程。飛機票就存在何某人手中，豈料何某是個賭徒，他把機票退款賭輸潛逃。這位僑務秘書有失職守，照理大使館應對僑胞負責，他就都推到姓何的身上，僑胞白受損害，有失國家的聲譽。

　　我繼續申請探親，終於在1977年11月踏上國土。先飛到香港採購要帶回家的物品。比國華僑友人介紹一家專門接待去大陸的旅客的旅館（屬於中國旅行社的），地點方便，他們熟悉各種手續。第二天去大陸的裕華國貨公司購物，有專人陪你採購，只要選好東西付款，他們負責托運送到你家附近的火車站，你自去領取。我第一次回家，正當大陸最貧窮的年代，能買的盡量買。有些商品是限量的，像「三轉一響」：單車、縫衣機、手錶、收音機，這些東西當年在大陸非常珍貴，只能每樣一件；衣服、布料、食品等等也有不能買回去的，記得抓了一包上好的海參，到家卻不見了，查看發票根本沒這個東西，原來禁止進口。共裝了七件大行李托運。從九龍搭火車到廣州，由深圳前的羅湖入境。

　　這是三十年後第一次重踏國土，一草一木都能觸動淚水的源泉：「啊、這就是我的國家、我的同胞！」到了廣州住機場附屬的「白雲賓館」，第二天乘民航班機直飛北京。有一位中國旅行社的董同志在機場迎接，他是奉派來全程陪著我的，已經替我訂好了華僑飯店住下，帶我參觀了北京的幾處名勝就坐軟臥火車到濟南，住進南郊賓館。這時各地的家人都經政府部門代為聯繫，給予各種方便來和我會晤，當然最重要的是住在寧陽縣城四中教職員宿舍的母親和四弟一家。董同志希望我把家人都接來濟南，我堅持回寧陽，甚至添福莊那才是故鄉。

　　四弟得到消息趕來看我，說：「母親不來濟南，你得去寧陽。」這本來是我要求的，董說寧陽不是開放地區，他得請示上級，一等就是六七天之久。在這期間有幾件事值得一記：

(一) 遇到巴黎回來的王老太太、膠東人，在巴黎開天下樂園連鎖飯店，事業很成功。他的兒子在法受高等教育，有

高級職業，但為幫忙母親常來比京辦理聘請大廚師的手續，由於比京孔夫子飯店劉太太的關係我幫他辦過一些事，每次買貴重的禮品相贈（鋼筆、手錶之類），談起來一見如故。她叫我去賓館的販賣部買白糖、香油、煙酒帶回家去，這些東鄉下有錢難買。我照她的話辦了，果然不錯。她們是回程經過濟南，不久回到巴黎，還打電話給鳳西，告訴她遇到我的事，叫她放心。

(二) 我趁機尋找惠麟二叔的兒女，找到了小如妹，她改名綺霞，嫁給姓張的，他們在濟南市某供銷站工作。夫婦來賓館看我，才知道解放後三姑一直在當教師，帶他們姐弟長大，三姑後來（1954）嫁給姓張的教師還帶著他們。1955年生一女，取名海立，1974年過世。小如的弟弟小朋改名黃恒，在天橋無影山小學當老師。

(三) 妹妹帶了七八歲的永忠趕來濟南，他們從合肥來，先和我見了面再去寧陽。

(四) 四弟來賓館、這都是1947年分手後第一次見面，他瘦弱恭謹的樣子依舊，我們去遊了大明湖、趵突泉、又到大觀園（當時叫東方紅市場）。他想買一頂帽子，走到一家店鋪櫃檯前看中了掛在架子上的一頂，兩個店員正在聊天，他叫了聲「同志」，人家不理，再大聲喊「同志、同志、買帽子」，人家瞄了他一眼、繼續聊天。這就是共產主義制度下的國營事業。

(五) 最聰明的還是鶴齡，她帶了小兒子，從黑龍江孫吳縣趕來，一路打電話到賓館（她也有本領能查到賓館的電話），半夜三更叫我等她來，並去火車站接她，我把她

接到賓館。原來她這個兒子身上生癬，治不好，想借這個機會來大地方醫治。

在濟南等了一星期之久終於批准可以去寧陽了，便乘火車到磁窯下車，縣裡有車來接，大表弟怡方和縣政府的秘書田主任一部車，還有另一部載了七大件行李。送到縣招待所。這時母親和家人在二樓佔了幾個房間，一個房間專門放置帶來的七件行李。

母子相見悲喜交集，我跪在母親膝下忍不住痛哭流涕，母親反而鎮定，她說：「孩子別哭，起來，我們高興還來不及哩！」這時來到的家人有：妹妹母子、鶴玲母子、愛民（住大嫂家）、黃新、昌雷、杰民，二嫂一家也都不住招待所。吃飯老小席開兩桌。怡方表弟是縣裡的有名的大夫，人事關係非常好，抽空來坐坐，人多就走。有一個重要的工作，就是禮物的分配。這件事落到四弟和六妹身上，他們把行李都打開，給母親的先拿去，把大件先分配：自行車、縫紉機、衣服、布匹等等。大嫂、二嫂、四弟、六妹各一份：大嫂家縫衣機，二嫂家自行車，四弟充電的刮鬍刀，六妹收音機；這是大件，其它衣服、衣料、剃頭刀、推頭髮的推子、剪裁用的剪子等等小件再酌情分配。大致都還滿意。新民那時已婚，兩口子都來了，見過面都去大嫂家，很少露面怕給奶奶添麻煩，他們家那台縫衣機給了小五藝民，他還沒娶上老婆，當個本錢。新民最近還說起來：「那台機子可好啦，現在還用著！」

第二天忽然來了一位不速之客，一位老太帶個年輕人進來，我立刻認出是泗水喬家的四姑，大爺的妹妹，她中氣十足、話題不少，可是問起來，和我一樣也是三十年第一次回寧陽。兩縣相隔最多不過百十華里，三十年她不曾探望過哥嫂（大爺文麟）。

這是建國以來形成的社會風氣，各自劃清界限、免受牽連，不能怪她。可是今天的「海外關係」又一變成為熱門的事物，她不知如何得到我回鄉探親的消息趕來看我。黃泰大哥也來了，這是政府部門聯繫的。第一次相見只談大叔在台灣生活及病逝的情況。

晚飯後常和四弟六妹在院中散步，妹妹說：「老董房中裝了竊聽器，咱在這裡說話他聽不見，在濟南等候批准就是為了修房子，裝這些玩意」。最吸引人的是晚飯後圍坐在母親房裡聽我吹噓外界的各種見聞。我也講了在北京聽來的小道消息：

「故宮博物院鬧鬼，已是北京城家喻戶曉的事，有人看見宮女在庭院走動。這與共產主義的無神論不符。新上任的院長要破除迷信，常常深夜躲起來等候奇蹟出現。一天終於被他等到了，他悄悄地跟著她穿過兩層院子，過一道月門就不見了。他不聲張只叫幾個心腹輪班等候，這次一定要抓住、一出來就動手。不久又出現了，人一動又不見了，這是個影子怎麼抓？院長據實寫了交待。那怎麼行！叫你去破除迷信，你這不是反而證實迷信了嗎？官當然丟了。剛好碰上楊振寧來訪問，他是貴賓，鄧小平請吃飯。席間鄧說：『你是科學家，對我們北京城鬧鬼的事怎麼解釋？』於是把故宮的傳聞說了一遍。楊說事情就這麼巧我剛才在紐約處理了一個這樣的案子，來到北京就用上了：紐約第五街新落成一座幾十層的大樓，啟用後每到風雨之夜常有一聲悠長淒厲的尖叫劃破長空，震人心弦。住戶都聽見了，有的人嚇走了，有的人不敢搬進來。許多房間空在那裏，投資人著急了，請來各方面的專家研究這一聲尖叫的來源，要設法破除，當然連靈媒都請了。我是物理組的召集人，我們收集了各種資料，作了各種調查測試，最後在第十層的地下啟出一塊鋼板，這一聲就取消了，再

沒有出現。原來在施工期間有一個工人在四十層高空失足掉落，他在跌落時發出的一聲尖叫，由於時空及物體的巧合這一聲被記錄下來，在一定的情況下就會重複出現，在科學上我給它取一中文名字叫「激光射影」，可以說明故宮宮女的現象，你們可以找物理學家來設法找出原因，加以破除」。

此外母子弟妹正經的話題是培植下一代，大哥二哥的孩子都過了讀書的年紀，四弟和六妹兩家都有一男兩女，正在學校讀書，優先考慮。

我於11月10日從濟南到寧陽與母親見面，十天後回程，老董安排我先到南京旅遊再轉到上海參觀復旦大學，與幾位教授交流，他們沒有法律系，都是馬列主義專家，只能談點表面上的話題。來上海最重要的是引見一位劉先生、四十多歲，他的副手比較年輕，二人都抽洋煙（很奇怪、那麼窮的年代，三五牌的進口洋煙到處可見）談一點國際問題，希望我在國際關係中注意國際戰略的專著，最好能介紹一些給國內，我猜想他們是搞國際情報的。

從上海過香港停三天，還受到小劉太太家人的招待，搭機到曼谷轉比航回到家中，結束了第一次探親之旅。

1979第二次探親之行

1977年探親回來已經是年底，念念不忘的是接德麟大叔的骨灰安葬故土，這是我許下的心願。過年春天我就去了台北。大叔的骨灰存放在台北市郊的圓通寺裡，在台期間每逢祭日節慶，常常和九哥孫衡一起去祭奠，大都是九嫂準備供品。有時還帶了孩子。寺在山上，沿途風光秀麗，也成了節日的一個休閒去處，我出國以後他們按時前來。

我先上山一趟和主
持說好，辦了領出手續
和文件。去請骨灰是和
九哥二人同行，帶了塑
膠袋和一個背包，從罐
子裡倒入袋子紮好裝入
包中。九哥是生意人，

對這種事忌諱，站得遠遠的。許多年後在九哥家談到這件事，九
嫂說：「你把骨灰請走了，我們沒有上山的節目了」。可見他們
對上山祭奠很重視的。回到家中把骨灰供奉在頂樓，到了1979年8
月帶鳳西回家見婆婆，才帶回老家。

從比利時飛往中國羅馬尼亞的航班 TAROM 最方便，乘比航
到羅京 BUCHAREST 可以遊覽市區，晚上起飛，第二天一早到北
京。鳳西回來事前已和北京的郭四叔聯繫過，想不到的是一出閘
口，郭家的親友都到機場歡迎。原來政府有關部門（統戰部或海
外部？）已經把分散各地的郭氏近親招來北京。其中有大伯、四
叔、五叔、大姐、四哥以及他們的家人，都是岳父的親兄弟和子
女。所以有這樣的安排，是看在他的統戰價值：他是黃埔四期（和
林彪、徐向前同期），退
休後做過兩屆民選議員，
現任歐洲退伍軍人聯盟比
利時分會的副主席。

在歡迎的人群中有一
位國際旅行社派來的陪同
傅同志，他替我們安排了

北京飯店住下。歡迎宴席設在「仿膳」，是北京有名的飯店，以仿清宮的菜餚聞名。家人們陪我們遊覽北京名勝，我們招待遠道而來的大姐、四哥等來旅館洗澡，鳳棣帶了小三，就是郭亮，來洗了個大澡。

五叔住女兒家，女婿喬尉川是科技人員，任職北京政府部門，為人靈通可靠，郭家的事常靠他幫忙。

有一個美國來的旅行團也住在這家飯店，早餐前我在大廳等人，一個旅客圍著我轉了一圈大叫一聲「黃志鵬」，嚇我一跳，竟然是文大校友溪仲元。他學經濟留美多年，在美國政府機構做會計、已經頗有成就。他說同行的還有當年政治系助教王小瑗，吃飯時都見到了，小瑗到我們房間聊了些陽明山的舊事。第二天在大廳遇到他們一團人，對鳳西指指點點，原來溪仲元一路吹噓當年追求鳳西的經過，就這麼巧碰上了，世界真小啊！

我有個任務就是替孫九哥去長春探望他母親，鳳西有郭家人照應，我一人搭民航班機到長春。表妹夫婦來接機，這是闊別三十年後的重逢，她的景況很好，妹夫高之亮是208軍醫院院長，

她當婦產科主任；原來她當年參加抗美援朝，才有幸走到這一步。大姑那年八十多了，身體壯實，兒孫繞膝，晚景安逸，我為他們照相、錄音，自以為替九哥做了件大事，其實是一廂情願。第二天飛返北京，飛機在瀋陽迫降修理，三小時後才起飛。

在北京也看了黃家的四叔和二姑，以及啟福大哥的長子遜昌（後改

名迅昌），他好像在某瓷器工廠當繪圖師，愛人是中學英文教師，有兩個聰明活潑的女兒，他們住在護國寺附近的房子，在北京有這樣的住所很不容易，我也曾去過。

陪同傅學士同志年輕老成，他和上次回來的陪同老董屬於一個系統，他們都想在我身上搜集資料，我也對他們做反統戰工作，一路介紹民主自由的好處，人民有居住遷徙的自由，有選擇職業的自由，愛住哪裏就住哪裏，愛幹什麼就幹什麼⋯⋯，世界的民主國家都是如此；在台灣也是這樣。他們聽了當然動心。最要緊的是黨和國家是兩碼子事，愛黨不等於愛國，黨的利益不等於國家的利益⋯⋯。

小傅為我們訂火車票回到寧陽。仍然住縣招待所，母親比上次見面更高興，也更壯實，抓住鳳西說個沒完。這兩年的變化很大，好像大家都摘了右派的帽子，黃泰大哥來招待所住了一晚，估計已沒有人竊聽，兄弟盡吐心中塊壘。大叔的骨灰在北京配了個錦盒，交由他帶回去。

我和傅同志商量想去添福莊看大娘、看看我們的老家。他和縣裡協調，得以如願以償。大娘是母親表姐、她們是姑表姐妹：老娘的哥哥石家集的名醫周玉吉就是大娘的父親。大娘雙目失明，住在一個三間的茅草屋裡，我們坐一輛中型面包車去，他們

連道路都整修了。還沒到莊頭就被鄉親們包圍了，都圍觀外國回來的黃三娃，尤其是那個洋媳婦：「你看她穿這麼高的洋皮鞋，怎的就不拗腳呢？」

進到大娘屋裡，她拉鳳西坐在身邊從她的手臉摸到肩背，嘴裡說著：「這麼有福氣，咱家的媳婦哪有這樣的！」非常喜歡。可是窗子外的人瞧不見，著急了，就挖牆，牆是籬笆塗一層泥巴的，一挖就開了縫。我們怕擠塌屋子，只得快走了。這許多描述都是鳳西寫在相片背面的。

大表弟怡方陪我們去曲阜、找到才從北大荒下放歸來的姐夫孔祥恕（怡方的表哥）。他帶我到孔林找到姐姐的葬地。

這一回家庭會議重要的議題是兩個哥哥的孩子如何安排出路。國家政策改變，要「落實僑務政策」，幾個姪兒女都可以受到照顧。飯店可以辦合夥接一個人去比利時，這件事在回國前的書信上已徵求意見、母親和弟妹都屬意新民。新民是長孫長子，在黑龍江孫吳縣國營農場工作，愛人高雲華東北人，聰明能幹，已有一兒一女，依照比國法律只要把新民辦好妻子兒女都可以合法移民。

我和他們當面仔細地談了，當然他們很關心待遇如何，我說看將來的工作能力。初到時一切都要學，吃住在店裡，每人一千人民幣吧！他們問「一年一千元？」我說：「一個月，而且你們

在那裏沒什麼花銷，這個錢都可以存起來；但是你們這一家就由你們照顧了，一家我只能辦一人」。

再下來該接覺民去念書。母親曾形容覺民兩三歲時自言自語說：「三大爺要接小覺民去比利時」，他就要初中畢業，優先考慮。不僅是對他爸媽侍奉奶奶的酬勞，也正趕上出國念書的時機。他們這一支也只辦他一個。為了手續問題，先辦收養。出國的手續從來就很複雜難辦，今天並不比過去更難。

二哥家的侄兒念書都晚了。昌雷得知三叔要辦新民去比利時很激動，我只得好言相慰，還真替他設想出路。我說：「看現在國家的政策走向，個人有發展的餘地，不必靠別人。泰安、曲阜都是旅遊重點，你可以在照相技術方面發展，將來我幫你開個照相館，肯定有前途。你自己先學學照相技術」。我從北京回比，二姑送我進機場，行李驗過後我把手提包裡的照相機放到二姑手袋裡，托她轉交昌雷。寫信告訴他去北京二姑奶奶那裏拿相機」。他把相機要回來，經過不大愉快，也沒學會使用。

婀娜夫婦都在鄒縣煤礦公司工作，礦上招考技工，得到消息想叫杰民去試試，要了我的推薦信，得以報考錄取，他就在那裏成家，幹了一輩子，當到資深的機械師直到今日。國營事業很多人被解聘，他想退都退不下來。

婀娜曲師畢業，在礦局子弟中學教數理。後來又進曲阜師大物理系進修兩年（1979－1980）拿了碩士學位。這也是機緣湊巧，第一批中國政府保送到比利時進修的幾位研究生[7]中、有個曲阜師大數學系來的于英川，曲阜老鄉一見如故，他回曲阜師

---

[7]　記得有楊育中、陳明、王嘉璽、溫仲元、于英川、還有一位學醫的女生，姓牛，住在附屬醫院St Luc。

大工作我就介紹黃新去看他，才有進修的機會。老于的夫人王安多是上海科學院生化組高級研究員，不久就把先生轉去上海工業大學。于英川學術專精、頭腦靈活，在工大創建資訊預測學院，做院長並兼工大副校長。他在曲阜師大任職時間很短，黃新趕上了，可是也得自己有條件才行，還是那句話「師父領進門，修行在各人」。

　　這次回國又去了曲阜，孔廟重修了，大殿中的塑像都照原樣重塑起來；孔林墓前的斷碑立起來，斷處一道裂紋留給後人，不忘文革的偉大。

　　臨行上泰山給老奶奶燒香，替母親還願。上山時在山腳下遇到啟杰大哥，原來他早來等候我們，和大哥是舊交、濟南當兵的患難兄弟，在招待所人多未能盡歡，所以他找這個機會來陪我。他參加過解放戰爭，又去抗美援朝，功在國家，受到報償，當寧陽縣養路站站長，生活條件不錯，煙、酒、茶不離手，三杯下肚就迷迷糊糊站不起來（母親的形容）。這次分手不久就永別了，不過六十（1979年我才五十）。

　　老奶奶廟也重建了，法身重塑了，上次來時只剩下房子沒拆，內部空空，老奶奶只有個手寫的牌位。誰能想到只有兩年光景，竟然有這麼大的變化？一路登山在山頂過夜，第二天看日

出後下山。下山後在泰安賓館過夜，第二天早車坐軟臥去合肥看妹妹。

　　泰山上下不輕鬆，當時一鼓作氣，還不覺得，這時兩腿開始疼痛，到了合肥簡直舉步維艱。妹妹把我們安排在一家賓館，是俊明的妹夫馬先

生的關係。合肥是魚米之鄉，魚蝦多、對了鳳西的口味，最不能忘記的是紅燒甲魚。

從合肥坐火車到上海轉去西安，等飛機期間看了兩場地方戲很精彩。河南綁邦子，土名驢戲，現在改稱「呂劇」。演「李二嫂改嫁」，很逗趣。另一場是浙江越劇團演聊齋故事「胭脂」也很有水平。西安是鳳西的出生地，從上海坐民航班機，下機有地陪帶路，正趕上兵馬俑出土，還看到施工的情況。附近的名勝和博物館都看了，有秦皇陵、碑林、華清池，還有個「捉蔣亭」，導遊解釋西安事變蔣介石就躲這裡給揪出來[8]；地方菜也嘗了。發現西安的城市人很少是土生的，八成以上是外來人（大城市一般情況）。這個地陪是上海人，對他來說是下放來的，很不誠實，帶你花冤枉錢。

回程還是要從北京起飛，從西安乘民航北京轉機。

八、新民夫婦來比

他們的手續是用投資合夥辦的，有一位原來在政府有關部門工作退休的人、熟悉手續和門路，許多中國人都找他。我先請他提出申請，再請律師推動。投資合夥要先有錢從中國寄來，錢是先帶去中國、再從中國匯來，數目記不清了。一邊辦手續、一邊叫他們準備出來的事，安置兩個孩子和大嫂，這些費用也都替他們打點（所有這些細節都在家信中表述了）。手續進行順利，八十年初他們拿到比國駐北京大使館的簽證就上路了。行前他們

---

[8]　以後再去時捉蔣亭不見了，是為了對台統戰。就像人民日報上的歷史鏡頭，老毛旁邊的人可以換來換去。

兩人沒什麼行李，叫他們買金華火腿帶來，他們以為是飯店用的，買了兩箱十幾隻火腿。其實是自己吃和送人用的。

這時小劉夫婦已出去開店，他介紹一個他們香港同行阿葉來接班，手藝不錯、人也忠厚，沒有工卡。餐廳有馬先生總管，週末還有幫手。[9]

九、汽車貿易

王虎的弟弟王琦學理工的、原來在中山科學院做研究工作，曾來比利時作短期研究，回國後改行做生意。當時台灣的經濟突飛猛進，民間的資金厚實，購買力旺盛，人人都要買高檔的汽車，台灣的代理商配額有限，汽車貿易應運而生。王琦就做了汽車貿易，從國外買了汽車進口到台灣市場。

比利時的汽車貿易最發達，因為他們本國並沒有自己的品牌車，但汽車的製造和合成工業非常旺盛。歐洲的名牌車許多在比國生產：比如德國的國民車 VW、法國的雷諾 RENAULT、瑞典的富豪 VOLVO、美國的福特 FORT 都在比利時設廠。比利時的車價一般比較便宜。

在國外買汽車要門路熟，常需要與當地華僑合作。王琦開始進口歐洲車是他哥哥在比國幫忙，王虎移民去加拿大，他就找我。1980年初他介紹一位同行盧明科先生和我聯絡、托我買六部雷諾跑車 Renault Fugo，我按照他要求的裝備和顏色和雷諾的地區代理（Renault 50tenaire）談判，他按照門市價格打九折，要求

---

[9] 老馬已經辦妥居留身份，給他報工，後來他開始做保險生意。他是廣東人、會說台灣話，飯店圈子熟，保險生意漸漸上路，許多年後站穩腳步才離開玫瑰餐廳。

每部車預付訂金百分之十，簽約之日起六個星期交貨。貨款必須在出貨前付清，他們接受信用狀，並可將車子送上碼頭。條件相當不錯，盧先生同意，立即把訂金十八萬比國法郎電匯（T／T）過來。我的酬金（Commission）是3%。

　　第一筆交易我要做好，車子訂妥以後，飛到溫哥華去看王琦，請教他各種細節和應小心注意的事項。這種生意完全以誠實信用為基礎，少了誠信寸步難行。最可怕的是訂了的車不拿走，車行 Dealer 逼你付款，你的錢（買主的尾款）不來是最可怕的事。一言以蔽之：台灣的買主先付10%的訂金 Downpayment 我們按照他要求的條件把車訂好，出貨日期確定，他把信用狀L／C開出來（這是主要的車款），但仍不足全額，他要在出貨前把尾款再用電匯付清。這樣看來風險很多：L／C是要貨運走拿了裝船文件才能押匯，銀行審查無誤才會付款，一個環節跟不上，後果不堪設想。可是買主付10%訂金也不是開玩笑，他們常常是車子已經賣了，等貨一到便可交割。除非市場有變化、幣值有變化、人事有變化……但這些因素都是很可能發生的，所以這是個不建全的生意，危險性很大的生意。不料風雲際會、我兢兢業業地竟然做了十多年，能全身而退也算僥天之幸了[10]。

　　新民來到我曾想送他去職業技術學校讀書，但總得先從語文開始，就先進法文補校 IFCA 學法文。雲華做幫廚跟阿葉學廚房，她頭腦靈、手腳快、廚房工作很快進入情況。新民上學只有上午，放學回來正好趕上飯店開門，不久二人就掌握了廚房工作。阿葉的朋友在西班牙給他找到工作可以辦居留，他就走了[11]。

---

[10]　附錄16「鬼使神差」
[11]　阿葉在西班牙成家立業，還曾帶了妻子兒女回來問好。

1980年暑假、鳳西陪爸爸、帶兩個女兒去美國看二哥；到八月底我也抽身飛去夏威夷和他們相會，再一起經二哥家轉回比京。

飯店人事穩定、我就可以全力推動汽車貿易的發展。除了台北的盧明科又增加了高雄的頂好汽車（羅志誠）、台中的五福汽車（邵長育）、嘉義的吳英毅[12]……

依據比國法律新民的孩子應該接來與父母團聚，但法律程序要一步步辦理。1982年暑假新民夫婦回家接孩子，比國的入境手續還沒好。我的意思是才出來兩年，回來探親接孩子盡量謙遜、別招搖；可是他們有自己的主意，這一路替他們擔心、為他們疏通關節。黃家的人來回經過北京，郭四叔家沒少麻煩了。

十、第二個留學生

覺民來比利時是先在家鄉辦了收養手續，但以被收養人的身份辦比國簽證久等不至、又用了申請入學的的辦法，學生簽證下來他就急急上路了。這時期北京與比京之間的交通以羅馬尼亞的航線最方便，每班都有許多歐洲華僑，語言不成問題。1982年夏天新民夫婦回國、覺民的出國手續、飛機票的安排等事往返北京多次仍要麻煩郭四叔一家。學生的入學許可是請隔壁的職業學校 Institut Rene Piret 出具的，他於1983年10月來到，正好趕上入學。頭一天註冊我帶他去辦好手續，他坐在門口的長凳子上右都是洋人同學、白黑都有、都比他高大，他眼巴巴的看我走了，憂心忡忡。

---

[12] 吳英毅台大法律系同班，原來經營鞋類外銷，汽車進口利潤高、也兼做汽車，他是替嘉義一家車行辦的。

有一位台灣來的李麗花女士在學校教宗教課，很照顧他，特別為他補法文。漸漸地上路了。這期間有幾封家信，值得重讀，附錄於後。

考慮到覺民的學業前途、與衣玄研究、決定下學年轉到一所正式中學，以便高中畢業後上大學。

在本社區有一所名校「Institut Saint Stanislas」，正好衣玄同學的爸爸做校長，帶他去看了校長、接受他從下學年1984－1985起入高中一年級就讀。覺民在這所學校以驚人的毅力苦讀三年如期畢業，他不僅要用法文聽課，還得念荷蘭文、這是中學生必修課程，通不過不能畢業。外公郭將軍有個太極拳的老學生郎茲曼 Langemans[13]先生、很有學問，夫婦二人是飯店的常客、對覺民特別關心，為他補課，尤其是荷蘭文。在畢業典禮上他獲得全體老師的贈予的勤學獎。

在這裡要特別一提：衣玄從小對後來人讀書的事非常關心，大勇和麗梅上小學我起初安排他們進最近便的聖安妮 Staint Anne，離家近不用接送。一年後衣玄堅持把他們送去她的學校聖心 Sacre－coeur de Linhoute。衣藍初中在聖心念完，高中她願意換到 Emile Jacquemain、我也同意她換一所自由中學不再老是天主教學校，可是她在那裏不快樂，衣玄又堅持把妹妹遷返聖心；覺民中學是她的安排，大學在 Langemans 先生的指導下進比京自由大學（ULB）讀經濟，他遭遇了許多挫折，已經決定放棄學業改做生意，還是衣玄堅決帶他轉學新魯汶 UCL。不但畢業還獲得留學英國一年。

---

[13]　Langemans早年做過比利時駐蘇聯領事，精通多種語文。對覺民的影響很大，大學的選系也是他的建議。後來他老伴過世、又無子女，日暮西山，最後住進老人院，這段期間覺民和新民兄弟對老人的照料甚多。

　　飯店鄰街 Rue des Champs 有一個本區的體育中心，與飯店同年開幕。我們一家人都在中心的游泳池學過游泳，也成為最忠誠的游客，我每天晨泳的習慣在這裡養成。覺民來後不久就常跟我去游泳。有一回游泳池辦了個馬拉松游泳比賽，我們報名參加，一早我們下水開游一口氣游了七千公尺，回家他渾身發抖，原來是餓的，他起晚了，沒來得及吃飯就跟我去了。

　　覺民比衣玄大三歲、但耽誤了兩年、高中只比衣玄早一年畢業。他住在家中、兩個妹妹常找他幫忙，修理東西、搬搬提提……小民哥哥跑得最快。這幾年也是這棟小樓的盛世：外公的太極拳教學愈來愈興旺；他早已從喪妻的孤獨中走出來，進一步適應了比國的環境、建立了自己悠遊自如的生活；自己買下緊鄰小街上的一棟住房（很有眼光），比玫瑰小但鬧中取靜適合居住，新民一家和覺民都搬了過去。玫瑰的樓上就只有我們四口，

寬敞多了，衣玄姐妹都有了自己的房間。再就是湯生接了龍宮飯店，和小安一家四口，家庭美滿、事業隨心。

　　黃氏汽車貿易公司於1983年4月正式成立 Etablissement Huang S.P.R.L（個人責任有限公司）每年有三五百部車輛運作。1984年是很豐盛的一年，並不是說生意最好，而是各方面都很順暢和樂，值得一述。

如上所言外公的景況很好；大勇、覺民來到學業走上正軌；新民夫婦掌握了廚房工作、矛盾擺平了、生活和待遇都滿意、接麗梅的事逐步落實。

先從春節說起。玫瑰餐廳先為客人在周末做了兩次中國年特別套餐，這個「中國春節套餐」已享盛名總是客滿，一連兩天可以做到十萬比郎；到了真正的除夕，祭祖、辭歲、分壓歲錢、外公帶頭睹博，一連關門三天家人親友聚會。除夕之夜湯生一家和蔣公夫婦都來過年。接著邀宴同學朋友；三月在龍宮湯生夫婦為爸爸做壽。到了暑假鳳西陪爸帶兩個孩子又去台北與郭府親友歡聚；年終學校放假我們帶兩個女兒遠走撒哈拉大沙漠……

十一、珠海投資

79－80年間在新魯汶進修的大陸研究生中有一位溫仲元，他是北京航空研究機構派出來的，為人忠誠愛國（有一次在他們宿舍聚會，合唱「我的家在東北淞花江上」，他聲淚俱下）。學成回國服務，適逢國內推動「開放改革」發展經濟。他被廣東省「膠大企業集團」借調創辦「人造鑽石工廠」。比利時的人造鑽石工廠 Diamand Boart S A極負盛名，他帶一個小組來考察，找我做嚮導。他們得到該公司的支援在廣州建廠投產，成為效益很高的新興企業。老溫投入了全部精力和心血，拋下北京的妻兒跑到廣東來創辦了這座工廠；可是工廠上路以後並沒委派他做工廠的

領導（國營事業的領導大都是黨的領導，老溫連黨員也不是，在
新魯汶留學期間儼然是學生的頭頭，全憑一股熱情），給他安排
一個酬傭的閒差，他心中十分懊惱。他辦廠前後和我來往很多，
交情日深，遇到這種挫折，向我訴苦，並提了個建議。

他說人造鑽石是用於製造切割、打磨石材的工具，雲南盛產
大理石，人造鑽工具是供給他們用的。人造鑽的製造如果從礦沙
原料開始需要大型的設備，大量投資非私人之力所能致，如果從
半成品的鑽石加工成上等品質的鑽石就不需要大量的資本。我有
技術、有貨源、有銷售管道，只缺資本購置廠房、設備和流動資
金。現在國家鼓勵外資辦廠，珠海是新開拓的對外特區，有許多
優惠條件，你願不願意合作？

對老溫我有信心，資金調動非常方便，於是一拍即合：我出
錢購置廠房及設備，老溫提供初期用來加工的人造鑽石，他從原
來跟他創業的夥伴中帶來幾個幫手，不久外資企業「新晶磨料磨具
工廠」就開始運作了。老溫帶出來的人手中有一位女士是原來的
會計馮纘慈、與他有特別關係，也是她努力推動促成雙方合作。

在珠海拱北、與澳門對望的新建大樓「珠賓閣」、購買兩個
相通的單元做廠房。購置兩棟房產有進口兩部高級奔馳（BENZ）
的權利，光這兩部車轉手就賺了三萬美元。老溫是在買來的人造
鑽上加一層硬度高的物質，使變成更有效的磨料，進而製造更好
的切割工具。這種產品一經推出，銷路日增。無論是進貨原料、
還是出售成品都輕便異常，放在口袋中便可帶來帶去。這個小工
廠八十年代曾風光一時，

董事長不管業務只管宴客收錢。當時人民幣面值最大的是十
元票，馮會計提個小包都是鈔票。我和鳳西喜歡唱歌，有一回酒

足飯飽請全體員工去卡拉OK，馮會計小包的錢還不夠付帳，再回公司拿錢。

這時從珠海到廣州的公路有一段沒修好，老溫常送我去廣州搭飛機回老家，這條路走過不記其數，中間一段泥濘難行，到廣州要五六個鐘頭。民航飛機難搭常要買值班經理的帳。有一年搭軍機，車子開到廣州軍用機場，中秋節前服務台買月餅，乘客爭先恐後搶購，我很想買兩盒帶回家去，又不願意搶購，只好遠遠地觀望，服務台的女掌櫃看見了擺手叫我過去說：「老鄉是不是想買兩盒？」我趕緊說：「回家探親，求之不得！」，她又問要什麼餡的？我說你替我選最好的吧！人情味到處都有。

十二、風光的八十年代

其實來珠海不過順便，主要的生意在台灣，整個八十年代都風光順暢。郭新民二哥的蓋瑞公司設在台北信義路二段的水晶大廈有客房，每次來台以蓋瑞為中心聯絡客戶、接單訂貨，回程過香港經珠海轉去寧陽探親。1987年衣玄、衣藍先後來台升學，來得更勤。這時二哥常住洛杉磯，大妹埔君掌管蓋瑞，下飛機亞洲兄接機送到蓋瑞，如同回家；過香港有客戶和好友接待，到珠海（過海渡輪每小時一班、四十分鐘可到）老溫接風。臨行帶一筆人民幣回家使用。

1985年暑假鳳西帶兩個女兒回國參加華僑補校主辦的夏令營，她們先在

北京華僑補校參加講習，然後出發一路遊山玩水，鳳西陪行。夏令營結束後我到北京與她們會合一同去寧陽看奶奶。

我們回來早就不再住招待所，住在十一中教師宿舍，舒適方便又省錢。母親那年八十五歲，頭一次看到這兩個孫女，喜歡的不得了。兩個女兒和弟弟的兩個同歲，每天擠在奶奶床前聽奶奶講老家的故事。奶奶說：「咱們家老房子分五大院，有看大門的。冬天夜裡幾個人在門房裡烤火，聽見有人從裡面出來，穿著朱布大褂，一路稀里嘩啦，轉眼開大門出去了，門房跑出去看，大門關得好好的，那有個人影。誰都知道這個穿朱布大褂的，可你們不想想這樣的隆冬，誰還穿朱布大褂？」。奶奶又說：

「解放不久、咱們還沒掃地出門，我住堂屋，樓上從沒人住。一天夜裡響聲不斷，有人走路、有人搬東西，直像大搬家。我忍不住就說話了：『各位大仙，要是這裡有事也給俺們打個招呼』，立時安靜了，過沒多會兒，就像有人用拐杖敲樓板，從這頭到那頭、敲了一圈停了。第二天村幹部就帶人來拆樓板。狐仙早知道，人家頭天就搬走了」。

鶴玲從黑龍江帶麗梅來，一眼就看出是黃家的女兒，大大的眼睛圓圓的臉，聰明可愛。她對我說：「三爺爺、我細活粗活都會做」，把老奶奶樂壞了。她的手續都齊了我們帶他回比利時，這是早準備好的。她姑留下她要走了，她飛快地跑過操場追上去不捨。我們帶她去北京搭飛機，兩個姑姑一邊一個牽著她。上到飛機上迎面來了個黑人，嚇了一跳：「他怎麼這麼黑呀！」

中午到家、一家人都迎出來，除了黃家的還有外公和他的學生朱迪Judy。新民把住房整得很好，二樓客廳臥室、廚房廁所、

上去閣樓大勇麗梅各有自己的房間，浴室共用。至此他們一家團聚了。

1986年7月郭四叔去美國開會，鳳西帶女兒陪爸爸去美國會面。郭四叔國共內戰末期從英倫趕回參加建國工作，一生貢獻給祖國的山川礦野，學術上的成就使他享譽國際，可是也未能逃過文革一關：抄家、下放、牛棚挖糞三年，留下終生創痛。這次赴美代表國家出席學術會議是他回國四十年來第一次出國，他牢騷滿腹、一路痛陳新中國的暴政。

1987年有兩件大事：一是衣玄高中畢業，回台升學；二是新民接了玫瑰餐廳、汽車貿易和住家搬到克蘭牧去。

衣玄高中畢業赴台升學，這件事煞費苦心。幾年前就和錢教授夫婦討論孩子們的中文教育，原打算送他們到大陸或台灣讀一年中文，即使耽擱一年也是值得。後來我說既然準備念一年中文，與其進僑生補習班或其他補習班校、不如申請升大學，選一個他們容易念的科系，做正式大學生、體驗台灣學生的生活；而且還可能念下去。於是就辦理僑生回國升學手續、申請進台大外文系，對她比較容易。申請核准了（陳鉞兄當僑務秘書一手幫忙辦理）。衣玄走時在家說國語，普通應對可以；讀寫不過小學三年級程度。她在外文系許多課對她輕鬆愉快，比如西洋文學史，英文、第二外國語選法文賺學分；對她難度高的是大一國文、中國通史之類。她一到台灣住進女生宿舍，買一部舊腳踏車，除了台大本身國語輔導課，並在師大僑生國語班、國語日報辦的補習班補習，每天分秒必爭。她為人隨和，同學都願意幫忙，除了功課她參加許多課外活動，被選為游泳校隊，還主辦過時裝表演（這是她在聖心畢業班成功的演出），一年下來她很開心，決定

念下去；可是二年級念完她就發現外文系再沒有什麼好念，就轉
到政治系讀國際關係，外文系作輔系繼續念完。在台大一共花了
五年功夫，拿了政治和外文雙學位；從二年級開始她就在師大外
語中心教法文 Alliance Francaise，一直教到離開台灣。

再說新民接店：他們1980來比在玫瑰工作了七年，對這裡最
熟悉，高雲華最有主意，她和鳳西一談即妥，頂下餐廳；四月我
們在克蘭牧 Kraainem 買了現在住的這棟房子，七月份就搬出來。
岳父和覺民原來都在店中吃飯，覺民在飯店做點雜務，每月領
三千比郎，雲華說覺民時間寶貴、學業要緊，可不能叫他在飯店
做什麼，俺四叔知道不好，覺民就沒有必要再進門了；剩下外公
的吃飯問題，本來說好在玫瑰包飯，月付三千比郎，差不多相當
快餐的價錢，但由於餐廳座位有限，顧客至上、生意第一，他們
給老人在廚房一角安了個坐位，外公不接受，另想辦法，最後覺
民和外公起伙解決問題。

凡此種種大致都是意料中之事，除了讓與合約詳細訂明外、
又寫了一篇臨別贈言如下：

> 玫瑰餐廳於1974年開張、當時景況何等困難，次年外公
> 來比教拳，不幸半年後外婆突逝，自此外公與我等共同生活
> 迄今。1980年安排新民夫婦來比之後、大勇、覺民、麗梅先
> 後來到，一家十口、兩姓四代同堂共餐忽忽又已五年。基本
> 上大家庭的氣氛相當和諧：各有所司、各盡所長；每逢年節
> 外公率眾祭祖拜年、親朋往來不斷，吃喝玩樂，經過了許多
> 歡樂時光。但展望將來、孩子們日漸長大，新民一家終須自
> 立門戶，好聚好散、豈非其時！今後雖然各立門戶，但近在

咫尺，可以隨時接應，守望相助，相信這樣的安排對各人都有好處。

惟一希望的是每個家庭成員都能培養善良、寬厚、光明的胸懷；並以此教養子女。大家和衷共濟，互相扶持，在這個遠離故鄉的文明國度中、共同繁榮滋長，何其幸運！應該常如此想。

1987年七月寧陽添福莊黃啟禎於比京布魯賽爾

這年11月30日在新居慶祝結婚19周年，除了留在比國的老魯汶、阿標趕巧來比辦事也參加了，此外岳父和湯生一家、蔣公夫婦等也都請到、把屋子塞得滿滿。

1988年5月赴台看衣玄、回比不久六月初和鳳西帶衣藍去西班牙。這時西班牙的汽車貨源已經打開，主要的是寶馬BMW520IA，除了西班牙的總代理還有一家外銷車行 Export－Auto Repinter，家庭事業、太太兒子都是成員，全球都有門路，經營的本領我們不能比；可是他沒有我們強大的台灣市場。我是他的好顧客，每次享受好招待。西班牙的飯店有特色，這一回帶我們去吃一道名菜，是把活魚包在鹽裡烤，鹽變成一個硬殼，烤好後在客人面前敲開，魚還是完整的一條，味道鮮美、並不太鹹。鳳西小時候住眷村的鄰居小妹齊華、丈夫是台灣駐西班牙的武官、夫婦熱情帶我們遊覽名勝。開車去看大十字架、Segovia等地。

從西班牙回來接著去大陸返鄉探親，6月20日到家與母親團聚數日，帶大表弟及會玲遊曲阜看二表姐。這年暑假衣玄回家。

1989年是汽車貿易最興旺的一年，車種名貴、同業求之難得。在數量上比歐洲的同行不算什麼，比利時早已有人創年銷兩

千部的記錄，我做的主要是德國寶馬廠新推出的 BMW 520 ia，前面說過這個系列剛推出時各地配額少，台灣的貿易商從德國進口的新車沒有原裝空調，我去西班牙找到貨源，全部包下，定期一批批從巴賽隆納運去台灣。基隆碼頭汽車貨倉停著那些雪亮誘人的新款寶馬、掛著黃氏汽車的牌子，許多進口商從牌子上抄下資料和我聯繫。我在台灣的貿易夥伴吳先生告訴我台北街上跑的新款式寶馬，大多是咱們進來的。

台北有一家迎順貿易公司原來做許多項目，總經理李世宗先生為進口汽車全家搬來比京。蘇復泰替他辦的居留手續，他們合作進出口貿易，在城中心證券市場 La Bourse 附近開設一家台灣產品門市部（小超市）。李專注於汽車生意，一兩年後回台，行前見面說汽車生意要拜託我，我心想蘇復泰是你的搭檔，哪裏用著我。等我獨佔了西班牙寶馬的貨源，他真的來拜託給他幾台 BMW 520ia 了。

台灣的客戶記憶所及有：Max auto 台中、Well-Bonanza 台中（好像是邵先生[14]）、Solid South 台北、Hung Jen 台南、Molicar 台中、Yin I Lung 台中、Ting Hao 高雄[15]、Yingshingcar 台北⋯⋯。

汽車品種寶馬BMW之外、就屬瑞典的富豪 Volvo 740 GL 風行。比利時有合成工廠，外銷部門的負責人 Mr. Stoff 提供一部

---

[14] Tom Shao邵長育先生，最有信用和交情的客戶。開始來往他父親主導，資力雄厚，市場不好時他可以囤積上百部汽車不動，等市場穩定了再出售。邵先生一言為定，答應的事一定辦到，也替我處理過幾部問題車（訂錯的、賣不掉的）。

[15] 高雄頂好汽車羅志誠先生也是最早最有信用的客戶之一。他們都屬台灣經濟起飛以後的第二代精英。開始來往他父親作主導。

分，主要貨源來自法國。法國北部富豪的代商供車較早的有：Garage Gervain（Valenciennes）；Revers（Valenciennes Mme Revers）Auto Lille；後期都集中於 Fruchard（Lens），巴黎也有兩家。

賓士 Benz 一直是穩定的外銷車種、沒有大起大落，每次新款車上市也有搶購，但不像寶馬和富豪。當然與價位有關，經常做的也是中檔的 Benz 200E、230E、300SEL，起初的來源都是比國總代理 Mecedez-Benz Belgium，下屬的門市部有 Cousin，（Ch. de Charlevois），和 Europa（Ch. de Louvain），總經理 M. Jelinek 是Mecedez的家族，太太土耳其裔。訂單都由外銷部門的銷售員（Vendeur）做，最早的銷售員 Mr. Praet 年青人，犯錯誤被開除後，就由 M, Jean（Elly Dumoulin 的妹夫）接手；後來安特衛埠的賓士主代理 IMA 條件較好，訂單下在那裏。比京有一家 TransAutomobile SA、老板 Engles 提供各種車輛尤其是 Benz，有信用和效率和這一家也有深交。1985以後逐漸發展到德國邊界賓士代理車行，許多訂單直接下到這些代理車行風險小。

開始從法國邊境運車到安特衛埠裝船，由於數量小或趕時間常自己或邀請朋友幫忙從車廠開去碼頭，帶著做好各種文件過關口把車子交了，大伙去飯店慶祝。錢博士夫婦幫忙最多。後來數量大了，內陸運輸就完全交給運輸公司，每部卡車通常裝八部轎車，把文件做好交給公司即可。幾年下來也有幾家熟識的運輸公司；再就是車行常負責安排運輸的事，條件都是先講好的。

雖然生意鼎盛，馬不停蹄，但並未忽略了世界大事，尤其中國大事。八九年春天我在西班牙出貨，從傳媒上看到中國學生運動的發展，激動不已。回到比國立即與僑界友好奔走呼籲。北

京的情勢步步升高，比利時僑學界連成一氣，作出一系列的支援與抗議活動。開始是在新魯汶和老魯汶參與並推動學界的集會，再發動僑胞、僑團共同組織各種活動。至於衣玄她正在台灣念大二、熱烈投入，每天和台灣學生組織與廣場上的學生通話；她有個表姐是外文系同班、每天背著照相機拍攝台灣學生支援北京學運的照片。民運期間覺民跟我奔走，每天錄製電視上的中國民運報導，新民也捐過錢。

如上所述1989年汽車生意如此忙碌，六四民運又如此投入，當時精力過人，其時年紀已經接近六十。七月衣玄回家度假，八月初一家四口去西班牙海濱 Costa Sole 度假，回來一人趕回寧陽探親是經過珠海，這時大陸上一片蕭瑟，珠海的建築工程都停下來，施工的設施架子、吊車、材料都擺著不動。路過北京也是珠海的景況，但聽說撤走的外資有回頭的跡象。到了寧陽家人避免談六四，地方官員請吃飯，交換名片時我皮夾裡還夾著一張「嚴家其」的名片，是在巴黎「民陣成立大會」上他給我的，幸而別人沒看見。這一趟來去匆匆，九月初趕回比京主持馬得蘭大會堂 Salle Madeline 舉辦的「天安百日祭」。這一天同時有幾項活動，有義賣捐款，有岳父郭將軍和大弟子瑞察（Richard Desomme）的太極拳表演。不幸的是這竟成為他的最後一場演練，四天以後他就中風癱瘓一病不起。

1991年10月美國的三主義大同盟在芝加哥召開民運大會，比利時的台灣文化中心舒主任邀請我出席這個會議，這是一個盛會遇到不少熟人。杜筑生正在芝加哥做台灣代表親去接機，和他們夫婦（邱大環）很熟。會場上遇到台大近代史老師吳相湘教授、談起台大往事非常高興地說：「國民黨請我做花瓶，你老師

在美國這些年沒閒著，還有點名望」。一直拉我同席，他還提到當年和總教官郭岐的一段交往，好像台大應配給郭公一套房子，總教官已有軍方配給的住宅就讓給吳教授了。當年在台灣他曾紅極一時，他是蔣總統近代史方面的諮議。「俄帝侵華史」、「蘇在中國」都有他的份。他主編了一系列的中蘇關係叢書。後來不知問題出在哪裏人被擱置。我在文大當講師、館前街有一家教師餐廳，一天吃飯遇到他邀我共桌，不久他去了美國繼續他的近代史研究，成為民國史權威。美國的中國通費正清等人都是他的學生。開會回來接到他寄贈的回憶錄「三生有幸」，是台北中研院總幹事陶英惠替他經手寄來的。

　　這個會上遇到胡平、孫英善、朱諶、孔德諒等人。

第六章　式微　風光不再

一、岳父中風

1989年9月16日岳父中風送醫院急救，醒來半身不遂，神智不清。醫院認為已無藥可救，我們心有不甘到處求醫，王則堯大夫是他的家庭醫生精通針灸，作了幾個療程；老魯汶有一北京某大醫院來的研究學者針灸高手，也針了幾個療程都未能改變病況。他急救第一次醒來發現自己的身體狀況曾作掙扎，從床上滾下來，不能說話曾用左手寫字表達；懊惱激動時曾把尿布扯下弄得滿床糞便，但隨著時間的進展漸漸地他就接受了現狀。醫院轉到療養院、再轉到老人院直到過世三年之久。這期間台灣兄弟姐妹輪番前來探病，帶來各種偏方建議，除了照料病人還得接待遠來的探病者。鳳西曾寫過幾篇文字在中副發表，收集在《旅比書簡》中。

二、母親傷腿

母親與世紀同年、九十年代以後進到人壽的高峰；瘦小乾癟，令人心疼；可是她的心智似乎更加清明，事事看得清楚；想得周到。她深為慶幸自己擁有的一切：身邊兒孫環繞、親朋敬重；四弟一家、他夫妻加上兩個少年孫女伴隨左右、不多不少、總有人跟前侍候；遠處有兒有女、有一大群孫兒孫女，平時書信往來不斷；又經常回來看望。這樣的景況是幾世修來！家裡不設

佛堂；心中自有佛在；時時誦經祈禱，念念都是神靈。待人永遠厚道、謙恭而慈祥；從沒有人見過她動氣發火；可是她說教的本事無人能比，兒女們犯了錯她條分縷析、叫你心服口服。四弟陪侍的日子最常，他也年過六十，母親說教的功夫還能用在他身上。

1992年夏弟弟來說母親摔了一跤，不礙事、快好了；過不久又來一信說：「又摔了一下，住院了」。我感到事態嚴重，決定一家四口回家看奶奶，立即動員：衣玄這年台大畢業，才考完畢業考、從台北出發和我們在香港會合；衣藍要考完最後一科從布魯賽爾直飛北京。居然在同一天趕到寧陽，來到奶奶床前。她已經幾個月不下床了：滿臉病容，非常憔悴；耳朵全聾了，我們說話要靠手勢或寫字。她說第一次摔倒已經快好了，自己不小心又來一次。弟妹說：「第一次傷了腿骨已經接好，老人家愛乾淨，又不願麻煩人，上完廁所一起沒起好又傷了老地方」。

現在只能躺在床上，一切都靠人服侍；視力還可以，床頭放著妹妹的長女小霞帶來的一個竹製的兒童玩具：竹竿上吊著個小人，一手操作小人可以翻跟斗；母親精神好時、可以坐起來玩一會；心煩了就拿竹竿敲打小人。妹妹帶小霞來侍候了三個月，也該走了。侍候的工作又要回到弟妹身上；弟妹從六十年代就辭去教職、侍候母親，婆媳朝夕相處、二十多年不離左右；她受母親的教化最深，待人接物都是母親的一套原則。

　　白天來家探病的晚輩家人、各方親朋絡繹不斷，弟弟忙著招呼；到了晚上，夜深人靜了，母親把我們兩口叫到床前，很平靜地談心，她說：「我這一輩子熬過那些苦難的歲月，當時怎麼能想到還能有這個晚福：一家人又平平安安、熱熱呼呼地又過了二十多年！這個晚福是你們從外國帶回來的，我很知足；可是再活下去就沒有意思，人活百歲還不是得死！你們這趟來的很好，咱娘們還有兩個孫女再見一面，我就再沒有想頭；天下沒有不散的宴席，咱們就散了吧！這裡人多麻煩，你們早點走吧！」

　　母親這一番話說得很平靜、沒有傷感；可是聽的人鼻酸，卻要極力忍住。我們一家四口在這裡確實只增加麻煩，而無用處。我決定先帶他們回去，走得很匆忙；走到門口母親又叫我回到她床前、兩手抱著我，淚流滿面，然後說：「好好走吧！」

　　回到比國家裡，就安排覺民回寧陽看奶奶。覺民在奶奶跟前長大，來比念書以後回去過兩次，這一回意義不同；他考完最後一門課就急急上路，到家奶奶喜出望外，又趕上過年（春節），一家人特別歡樂；覺民大部分時間陪奶奶說話，到了正月初五他打電話來說奶奶過去了。下面是他敘述的景況：

　　「一連幾天過得很好，初四晚上奶奶睡著後、一夜夢話連篇：說泰山老奶奶派人接他來了，八抬大轎（地方人指稱八人抬的轎子）還有吹鼓手（樂隊）、打旗的……

　　睡了一會又說話了：這些人來幹什麼呢！裡外都是人，地上都坐滿了……說著又睡著了。」

　　奶奶沒再醒來，遺容安祥。

　　時為年農曆正月初五，再過兩個多月（三月十二）就是她九十三歲生日。（岳父是同年陽曆元月十七過世）

覺民在家陪爸媽辦完奶奶的喪事才回來。

第二年1994三月下旬，我經珠海坐粵漢路火車回家祭母，老溫不放心派他長子武輝（大雁）送我到廣州搭車。我又重走了一趟1948年的流亡路：重訪了霞流市李家大屋、南岳市岳雲中學。四月四初到四弟家，四月四日闔家去天福墓地祭奠父母。

三、生意滑落和鳳西的努力

九十年代開始汽車貿易逐漸式微，一方面是競爭者過多，利潤薄風險大；再就整個全球性的經濟滑坡。形勢不好就想轉換項目，同時多年來的奔波到了一大把年紀，頗有倦勤之意。鳳西一直是我的好幫手，這些年的歷練早已具備了創業的條件，她想開一個漂亮的手飾店已經許多年了，現在手邊有足夠的流動資金，何不試試。

先說項目：

(一) 是珠寶手飾，東方色彩的如珍珠項鏈、寶石翡翠……

(二) 中國古玩（梅生願意提供古董貨源）

我的想法總是保守，我想把爸爸留下來的老房子裝修成商店，裝修費不浪費（裝修租來的房子別人受益），而且沒有房租的壓力。鳳西的意見是：做生意要選地方，不能湊合自己所有；開店的是她，我不堅持自己的意見，我們到處看房子，看了許多購物中心（Shoping center、Galerie包括 Sablon，shoping Woulu）也約見房東或代理，租金都非常貴，最後選擇了 Galerie de Linthout 的一家店面，約四公尺見方，樓上有同樣大小的一間做庫房和工作活動，地下室通停車場，下車開門便進到店裡，非常方便，月租四萬多。 房東是位比國大亨，整個商場都是他的，親

自管理經營，當然是公司組織，我們去談了三次，也請教了朋友
（會計師M. Verlaoten；M van de Velde）簽了三年租約。要裝修：
訂製玻璃櫥窗，照明燈地板，傢具……；進貨台、港、大陸去採
購。這時資金充裕，開這個小店無須貸款，裝修請專門公司，用
最好的材料，與當年開玫瑰餐廳的景況天大不同。

　酒會到了一些朋友，我們曾是東方航運 OOCL 的老客戶，這
時羅楚善兄坐鎮歐洲航線，他從安特衛埠趕來，送了個大花籃。
僑學界的朋友，包括汽車生意的夥伴、玫瑰餐廳的客人，到了很
多人，鮮花擺滿。

　開張以後生意很好，賣出許多精品：古牙雕非常可愛，一
套仕紅樓夢人物、一艘精細的帆船、象牙及珊瑚細雕的佛像都高
價賣出，其他珍珠項鍊及精巧的手飾也賣得很好；可是房租、保
險、稅務、各種費用太大，年度結算入不敷出，三年租約屆滿，
只好結束。可是鳳西在這一行已經很有經驗，而且許多存貨必須
設法出售。

四、遷店

　闕永芳是老同學，早在1964年就在教育部辦的歐洲語文訓
練班一起學法文，初到魯汶都是他帶我辦理入學手續；1974年裝
修玫瑰餐廳，向銀行貸款需要擔保，也是他慨然作保。永芳高考
經濟行政及格，進入經濟部派駐比利時及歐盟做副代表，多有
建樹；但與常駐倫敦的正代表不合被中傷、一怒去職、回比做貿
易，並幫夫人郭緞開設中國藝品店「La Clycine」，店面寬敞；
我與他們商量，租他們的店面一角把可用的設備及貨物遷入繼續
營業。 Georges Henri 是一個繁榮的商業區，房子寬大是他們買

下來的，仍在分期付
款；他的另一棟住宅
是公寓式 Apartment
兩個單元合而為一，
分期付款也未結束；
我預付了房租兩萬馬
克（400000. fr）算是

支援他的銀行貸款。搬進來兩家朝夕相處三年之久（Sept.1997－
Sept. 2000），也是緣份。生意比以前差多了，但沒有房租的壓力
鬆一口氣，作息時間也調整得輕鬆很多。

　　店面有個後院，後院的車房進口在隔壁另一條街上（Av. Du
prince heritier），他們把車房裝成冰淇淋店，既可外賣又可坐到院
子裡喝咖啡吃雪糕，真是聰明的設計。比國的夏日陽光普照，小
院中有幾張桌子撐上遮陽傘，坐坐聊天很舒服；黃家好交友、有
朋友來訪常請他們在院中乘涼。記得蔡政文去巴黎開會，路過比
利時，魯汶老同學曾在此歡敘。最值得一記的是錢姑媽來坐，鳳
西參加中央日報辦的徵文，要寫錢姑媽的英雄故事，做了多次採
訪，這是重要的一次。徵文得獎對她是很大的鼓勵，從此擠入女
作家之林。

五、結束營業

　　在永芳兄店中寄居三年，營業情況仍然入不敷出，乃與會計
師研究結束營業，公司進入冬眠狀態，把存貨遷出，結束了寄居
關係，臨行寫一書信說明各項關係：

永芳兄，

人生是緣份，咱們於1965年在台北結識，1966年在 Louvain 重逢，此後來往無間；但自1997年9月迄今的三年，卻是更深一層的交往，稱得上推心置腹。但小店結束，不再經常相見，又要出發遠行，特寫此信表達謝意並作一總結……

三年來同舟共濟，諸多值得回憶的情景，但人世無常，凡事允宜達觀、多往好處想；善待自己，尤其善自珍攝、改善健康情況，至要至囑。出發在即，言不盡意，回來再敘。

志鵬敬上 BXL 18/09/2000

台灣的民進黨勝選而執政，永芳的案子獲得平反，他恢復了經濟部的工作、回台上班。他們夫婦都有強烈的政治觀念；像一般本省籍同胞，經過了國民黨初期的鎮壓、經過了白色恐怖、經過外省人優越的不平等感受……形成了心結；凡事都從這種心理去推想、凡事都以這樣眼光去觀察；於是他們認為陳水扁總統非無能、非貪亂；而是由於國民黨舊勢力制肘：如軍權、情治、媒體大都還在外省人手裡。我在台灣長大、受教育、對台灣的政治現實一向很關注；接受了台大法學院的五四精神、又在歐洲體驗人家的自由民主實踐：非常理解一般本省籍同胞的心理，這是歷史造成，是時代的悲劇；有識之士應該化解這種心結，應該凝聚共識，共同打造這個美麗的寶島。祝願台灣多出幾個的政治家；少出幾個只貪圖個人利益的政客。我認為一切抗爭，都會增加分裂，都是負面的；一切溝通、調解、折衷而能形成共識，形成「我愛台灣、我的家鄉」的氣勢。消除地域情結，使台灣變成一個真正的美麗寶島而不被對岸吞噬！

第七章　漸入晚境　隨遇而安

一、衣玄出嫁1995

我們送女兒去台灣念書，也希望她們能找個中國對象；像我的好友李義燦兄，他有三個兒子，都很優秀；現在回頭來想：那真正是做父母的一廂情願，太天真

了。她們在國外生長，外表是中國樣子，內在卻是西方的觀念，她們自喻為香蕉：黃皮白心；叫她們自己選一個情投意合的對象絕不會是在台灣長大的青年。衣玄到台灣先交一個香港僑生，由於初到台灣常需要幫忙，又都是游泳校隊，因此經常在一起。不久她就發現只能做朋友不能做愛人。她在台灣交往的不是 ABC（American Born Chinese），就是 BBC（Belgian Born Chinese）再不就是外國人。最後他選中了一個美國青年 Brett Rierson，我給他取了個中國名字「羅安生」。他是美國威斯康辛州人氏，羅安生有歷史和新聞兩個學位。美國人上大學就打工賺錢，大學畢業父母就更不管了。他喜歡旅行，當時在美軍俱樂部當管理員，去衣玄法文班學法文而結識。1990年衣玄帶他來家給我們看，不但一表人才，而且很會做工；他帶覺民和永忠修理那棟老房子，傳授了他的裝修技術，也表現了他的許多長處。衣玄也見過羅家的父母，兩人走向結婚的路子。他們的婚事都是自己主導，我們盡

力配合。雙方商妥，訂婚在男方家，結婚在女方家，費用由兩家酌情分擔。

1993年6月我們二人由紐約轉機到芝加哥，安生和衣玄開車來接。羅家住在大湖邊的彌沃基（Milwaukee）是一個清幽的小城，以製造重型的摩托車聞名。羅家 Rierson 是北歐的移民，安生的爸爸大衛（David Rierson）是化學工程師，母親 Patricia 是室內設計師，來自加州，安生有一個還在讀書的妹妹 Stase。

他們家的好友中有一位中國太太，五十歲上下，帶一個二十來歲的女兒。她先生去世了，曾是大衛的同事，在經濟困難的年代，他二人合力把公司救起來。她們母女完全融入了主流社會，中國話都忘記了，但十分親切，風度很好。安生的爸爸大衛是個性情中人，談到他這位共同打拼、挽救公司的命運、又撇下妻女中年早逝的中國同事，竟然泣不成聲。

在他們家停兩夜再回紐約，衣玄和安生送我們去芝加哥搭機，衣玄總是依依不捨。鳳西在紐約有個重要的約會，她代表比利時婦女會赴蔣夫人之邀。旅館就訂在她公寓的大樓。停兩夜飛回比京，在紐約還會見了周覺民夫婦。

衣玄和安生決定回歐洲再讀企業管理以利謀職；羅安生選定巴黎的管理學院，是歐洲的名校，學程一年、學費昂貴，他向美國銀行貸款求學，

利息很低；衣玄進巴黎的企管專科學校，學程三年。她在台灣工作兩年存了一點，我們借給她五千美元。兩人在巴黎郊外租一間學生公寓，再做學生。

為了身份便利，他們先在布魯賽爾辦了市政府的結婚手續。比利時的婚姻多半要結兩次：市政府是民事的（civil）、官方的，一切法律手續以此為據；但天主教國家，小孩出

生就施洗而成為天主徒，天主徒結婚要舉行教堂儀式，這才是最隆重的。羅安生在巴黎一年畢業，在倫敦找到工作，兩人搬去倫敦；衣玄在倫敦的學校借讀，巴黎承認她的學分，修滿學分、拿了文憑，考進美國銀行。（詳見旅比書簡p68）教堂的婚禮早已訂好，1995年7月15日如期舉行。

教堂的婚禮是在本區克蘭牧（Eglise Kraainem）教堂舉行，神父用法文和英文主持。衣玄和安生二人別出心裁，家中到教堂約三公里的路程、想從海邊租一輛四輪腳踏車做禮車，好友張壽美開他們的小貨車去澳斯當（Oosdante）運來，成全他們的希

望；匯匯用彩帶把車子裝扮得花花綠綠。到時候由兩位來賓駕駛從家中開往教堂，沿途鄰居

趕出來看熱鬧、夾道歡呼，教堂門前賀客列隊歡迎。禮堂不大不小，佈置得光潔、鮮花擺滿。教堂儀式中的一個特別節目是媽

媽合唱團的祝福，演唱「星月交輝」。

　　家中準備豐盛的午餐，主要的是由流浪子阮義和慧儀準備，烤乳豬是邊江去安特衛埠準時運到。後院搭起帳篷，擺滿了鮮花。不能忘記的是幾乎所有鮮花都是天慈送的並精心佈置。晚宴在古堡，餐後有舞會。不同的請帖送給不同的客人，有的請午餐、有的晚宴包括舞會。一切節目工作分配、分頭負責，順利完成，第二天遠來的賀客紛紛賦歸，許多人經過家門道別。

　　僑界的好友出力又送禮、最過意不去；兩個台北來的小客人、帶她倆去逛巴黎作為酬勞，不料在高速公路上被搶走皮包，錢和護照機票都丟了，招來無數麻煩[1]，作為這個喜事的尾聲吧！

二、覺民的婚姻

　　妹妹建華教了一輩子書，她服務的學校是「合肥客車修配廠子弟小學」；合肥是大城市，教學質量當然比寧陽好，妹妹好心、把覺民接去讀一年高小。她有個同事好友教體育的杜金鈴老師，有一兒一女與覺民年紀相當，常常玩在一起。覺民在大學原

[1]　附錄「飛車驚魂」

來有個越南同班女同
學，感情不錯，可是他
父母總希望娶個國內的
媳婦，大學畢業到了談
婚嫁的時候，妹妹極力

推薦杜老師的女兒周坤玉（小坤），二人也稱得上青梅竹馬；為
了慎重，妹妹還特別請我跑了一趟合肥相親。小坤細高身材，性
情直爽，容貌俊秀；她爸爸周寶樂做合肥市客車監理站主管，官
居要津；哥哥周杜大學畢業為人靈透。人家是一個非常開放和樂
的家庭。我立刻看出兩個人和兩個家庭本質上的差異：一邊是開
朗、明快、活潑，融洽；另一邊是：內向、木訥、敦厚、保守、
缺少親子間的交融和樂。可是我當時有另一個天真想法：這未始
不是一個好處，可以截長補短，正好彌補黃家的短處，小坤能把
她們家的活潑、歡洽氣氛帶來黃家；正如鳳西的母親把合肥戴家
的開通歡暢帶到山西郭家那樣；再說覺民個小、總該找個高個子
媳婦。我的意見是肯定的，這門親事就定下來。

　　1995年衣玄七月十五完婚，九月我一人趕去寧陽，陪同四弟
夫婦去合肥主持覺民和小坤的婚禮。我們從寧陽經曲阜、濟南搭
火車到合肥。妹妹除他們一大家（兒女、女婿、外孫女）、妹夫
馬先生也是地方官員；周家更是親朋眾多，喜事辦得非常熱鬧。

事後各自回家，我仍經北京返比。

　　覺民回來辦理小坤來比的手
續。這一年十二月世華作協在新加
坡開會，鳳西和蔣曉明從北京經
過，小坤在天津接待她們，鳳西對

坤的印象非常好。覺民這一年喜事連連：英國的學業完成、娶了青春美貌的妻子、進了比利時的跨國公司培植他去中國發展。他一直住在外公的老房子，原來和永忠表兄弟兩個光棍，現在變成兩對夫婦。我們家中也熱鬧起來、常有聚會。

　　過不久覺民帶了妻子走馬上任，公司在香港、原來有個本地人代理，他到任後有許多事要學習。家安置在深圳，他每天早上搭火車過海關去上班，晚上下班回家。他拿比國護照、過境要簽証，每天一頁、護照很快就變成厚厚的一本。再不久安那（Anne 世汝）來了（970128）、Laurant（2000/9/9？）世魯也來了。

　　他們的問題也越來越大了：覺民的工作經過這些年的堅苦奮鬥掌控了全局，逐漸在國內建立了天津、上海等基地（安插岳家的人），形勢一片大好。現在卻面臨了感情上最嚴重的打擊，小坤無法再苦撐他們貌合神離的日子。覺民想盡辦法挽回，作出許多努力，但人家去意已堅，終於分手。對於他們的事我雖不能說「旁觀者清」，但比他們兩家的父母要客觀一些。性格和習慣上的差別是主要

原因，覺民拼命工作，忽略了妻子不說，而且沒有生活情趣；小坤在他事業上幫不了忙，在生活上給他的溫暖和愛護也不多，至於在大家庭中就更互不相容。這樣的境況不如早點分手，都還年輕，各奔前程有何不好。

最大的問題是如何把孩子帶好，這是所有離婚夫妻最頭痛的事。孩子從小都被兩家的父母照料過，尤其後幾年外婆帶的日子多，由外婆繼續照管，對孩子沒有多少變動，本來爸媽就沒常管他們。另一方面外婆對女兒的任性很懊惱，對覺民和他的家人有無法表達的歉疚：她認為照顧好孩子是她能做的補償；對覺民來說這也是過渡時期的最好辦法：孩子交給他們放心、天津的環境比寧陽好，也是事實。這就是目前的情況。

2006年8月覺民返比名為渡假，實則是向總公司述職。老板空出一棟房子，一部新車給他用，他帶了小坤的父母和兩個孩子來歐洲旅遊。公司常常有事，他抽出時間就帶他們到處走走極盡心力：來家許多次，孩子很喜歡、杜老師幾次和我暢談盡吐心中積惱；他們去了巴黎、去了荷蘭等地、也去幾次飯店都是覺民搶著付帳，包括最後我們特別要給他們餞行的那一餐希臘飯店。他和周府的關係我不甚了解，但看得出來他是全力以赴，仍然像當年要留住小坤的心情。

三、衣藍別緻的婚禮

衣藍和方百里（Nicolas Frapolli）相愛數年，雙方家長也早已熟悉，他們的婚禮只是時間和方式的選擇。

藍一向有自己的主張：他們說結婚是兩個人的事，請幾個至親好友就好了，不必大張旗鼓。他們決定2000年6月3日上午在尹克賽爾 Exelles 市政府禮堂行民事儀式，中午在公園野餐 Picnic，下午家中辦個酒會請僑界朋友，接下來教堂儀式，晚宴設在有名的西餐廳只有二十來人，一氣呵成，之後二人蜜月旅行跑去印度。

此地結婚前夕女子有「告別單身」的鬧劇，都是手帕交的朋友玩的，衣藍選了跳傘，幾個女生先接受訓練，到時候跳下來滿有意思，可惜她的好友思微 Silvi 傷腿，包了石膏，坐輪椅參加每個節目。

四、鳳西的文學之路

鳳西好活動，在僑界人緣很好。她應選為比利時婦女會總幹事，這是此地的代表處和台灣的僑委會聯合產生的。她曾經受邀請赴台北開會，有機票、受禮遇、這對她是最開心的事；不料外交部忽然下了一紙公文，把僑界婦聯會的總幹事位子交由駐在國大使或代表夫人擔任，鳳西無可奈何就鞠躬下台了。

我說：「開會的熱鬧多的是，人家爭的我們不要；我們要的
別人爭不去！」

1990年趙淑俠發起成立歐洲華文作家協會，四月鳳西受邀參
加在巴黎召開的成立大會。比利時受邀請參加這個大會的、還有
老牌作家王鎮國和曾在台北新聞局工作、擅長寫旅遊文章的蔣
曉明。

王鎮國成名很早，他留學義大利，與比利時籍的留義同學
（Andree Masson）、結婚而定居布魯賽爾；他早年寫的留學生散
文在國內報刊上發表，受到青年學生的喜愛；文星書局為他出了
本專集。他來比後任職新聞局駐比代表、不斷有文章發表。他
的夫人是典型的比國式的賢妻良母；他們生有一子 Daniel。王
先生那年參加歐洲文協成立大會回來、不久即生病住院療養直
至去世。

1998年我們結婚三十周年，鳳西把她多年來在中副和其他報
刊發表的文章結集成「旅比書簡」由世界華文出版社出版：從此
她就走進這個文人圈子，如魚得水；不光當上女作家，又當上了
「歐華作協」的總幹事；到處開會，興致勃勃；這還不算、由於
她頗有組織能力和經管財務的經驗、又被「世界女作家協會」所
羅致。這個協會包括了趙淑俠姐妹、陳若曦、韓秀、朱小燕等知
名作家，她又更上層樓。自己也不斷創作，2006年又出版了第二
本散文集「歐洲剪影」。

第八章

餘霞 悠遊的歲月

　　衣藍的會計師 Xavier DUHEM，年輕幹練，對於結束公司、
買賣公司有經驗。因為成立公司不容易，買一個公司辦完過戶手
續，再改換名字較簡單易行，於是委託他把黃氏貿易公司（Etd.
Huang s.p.r.l.）賣了。

　　老人都送走了、孩子都成家了、生意結束了，剩下點老本
堪可養老；可是家中就剩下兩人（有人叫做「空巢期」），每天
鼻子對鼻子。很多恩愛夫妻到了這時卻不能相容，常出問題，親
友中的例子比比皆是。原因很簡單：戀愛之初、打拼之時，許多
深層的差異都被壓抑掩蓋，退休以後，如果無所事事，難免出問
題。要想把晚年過好，必須用點心思、雙方努力才行。

　　我大鳳西十二歲，她開珠寶店時，我的汽車生意已經結束，
兩人經常鬧彆扭。賣了公司她閑不住：文學活動、僑社活動、學
習活動（學唱歌、繪畫、英文、法文）每天節目排滿，可並沒有
息爭，仍然吵起來沒完，氣得你心痛。她常說的一句話是：「活
到這麼大年紀，你還想改變我嗎？」可是你要想把日子過好，大
家都得努力，你站在原地不動不行！經過許多衝突、折騰、協
調、讓步、深思、深談以後……逐漸走上和諧、安逸、幸福的晚
年生活。二人常相提醒：誰先走都有可能，那不重要，要緊的
是：分手之前保有這樣甜蜜的生活。環顧周圍的親友心中感慰；
許多人比我們有錢、有勢、有智慧，卻沒有我們如此平安幸福。
暗自笑他們聰明一世，卻沒有智慧把最要緊的夫妻關係搞好，把
人生最後一程走好！

　　近年來旅行很多、寫作很勤，下列幾篇近作，就是晚景的寫照：

一、上海紀行8－29/9/2006

這次上海之行是陪鳳西開會，我也藉此一遊，長些見聞，何樂不為。

她們這個會全名是「海外華文女作家協會」，聲勢浩大，網羅了許多知名的女作家如：趙淑俠、趙淑敏、陳若曦、韓秀、吳玲瑤、簡婉、施叔青、朱小燕等等。每二年一會，這已是第九屆了。有些女作家帶了老伴同行，我便是其中之一。

復旦大學中文系是主要贊助人，其他上海婦聯會、上海僑辦也都全力贊助。會議三天有許多精彩的言論和熱烈的交流。這期間穿插一些參觀旅遊節目。上海的景點不必說，還去了揚州。九月十四日一切活動完畢，我們如期去了杭州，入住吳大哥的別墅。他們邀請了三對夫婦分享盛會；我倆之外一對是吳大哥的老友劉公夫婦，和人鳳工作時的上司方先生夫婦，都是當年政府機關的主管。

可是放下行李第二天，我們又趕去上海赴大女兒衣玄一家人的約會。她苦心安排要我們與廣仙多親近，從印度趕到上海出差，叫羅安生把廣仙從香港送來上海，我們在她的豪華旅館帶孩子兩天（她去開會）；安生放下孩子就趕去曼谷上班。兩天以後我們又帶了小廣仙搬去她在上海工作了七年的西班牙朋友路易 Louis 和 Patricia 家裡，這天她要帶孩子離開上海、我們也再回杭州。

路易夫婦也是舊
識，幾年前衣玄安排的
香港聚會，羅安生的父
母從美國趕來，就把我
們擠到他們家借住。路
易是西班牙的鋼鐵出口
總代理，從香港調來上
海，七年生了三個孩子，太太只好放棄工作。他們房子寬敞，幾
個傭人輪班工作。Patricia 不忘學習，她要把中文學好。這次和
他們夫婦，尤其是 Patricia 有較深入的溝通。

開會期間住復旦大學招待所「卿雲樓」四星級飯店，非常
舒適；早餐很可口；地方機構招待都是山珍海味，近乎浪費。而
最不曾料到的是揚州之旅，其豪華富饒、文物古蹟豐盛，大開眼
界，將另作專文敘述。

回到杭州赴一次盛宴，是淺江晚報的記者胡志弘安排，此人
兩年前來比採訪畫家沙耆的故居，曾在舍下作客，鳳西作嚮導帶
他遍訪沙耆當年的足跡。這回湊巧台灣卡門藝術中心的林總經理
來杭州，他邀集了沙天行和杭州藝術學院的一對知名教授，在有
名的湖畔居請一桌宴席。他是老杭州、又多才多藝，飯後品茶是
陳年的普耳（鴕茶，此君近年致力研究），這一席比之那些官方
的盛宴精緻多了。

杭州正是大閘蟹上市的時候，吃得過癮，從前吃蟹嫌麻煩，
總是讓給別人，這一回發現原來如此好吃，也顧不得修煉、殺
生，連酒戒也開了。這裡要補述一下杭州吳氏別墅來由。吳先生
十多年前把退休金在家鄉杭州置產，買地建屋、並邀了幾位同鄉

好友蓋了「文化新村」，他本人還在村口大街上買了兩棟商店房出租，當時這一帶還是荒野，如今變成鬧市，他們的投資像中了特獎。每年在最好的好季節來住幾個月，邀一些好朋友來歡聚。特別一記的是劉公，他本是土木工程專家而國學精湛，詩詞歌賦信手拈來便是佳構、有詩為證：

富春江上喜同遊

無限風光眼底收

千里有緣來聚會

他年回味樂悠悠

由於回程飛機是上午十時由浦東機場起飛，只好在機場附近訂好旅館頭一天趕去，才能順利登機十小時到芬京轉布魯賽爾，李罡來接送回家中。旅行的最好時間是安返家中。

二、弔胡師──追念恩師胡品清教授

台北的好友電告胡品清教授仙逝了，整日傷懷不已；前塵往事盡入眼前。

胡老師和我們這一批受她啟蒙的學生與文大的創校經過是分不開的。我們這一批受她調教的學生，雖然不盡是她的精英學子，但卻是她終生不忘、往來無間的親信。

研究生和大學部法文系經胡老師培育的法文人才輩出，在外交界和其他法文領域都有優越的表現；但胡老師最專精的文藝領域卻很少有人觸及（但願我有所不知）：她那深厚的國學修養、電光火石般的靈感、不食人間煙火的文風、下筆如行雲流水，把

中、英、法三種語言文字融於一爐，譜寫出大量的不朽絕句，這都是學不來的。

　　從1962年她住到陽明山，一兩年後就定居在她的「香水樓」裡，生活是安定的、感情是豐沛的，而經濟起飛、商業競爭的社會發展，使她成為出版業者的貴賓，這些年她出版了多少本書？很難數清楚。她的《最後的愛神木》中有一份胡品清作品書目可供參考，1997年台灣出版家統計在七十本以上。

　　1997年她榮獲法國政府頒贈的勛章。1998年再獲法國文化部頒贈的勛章。她早年旅法時期法譯的《中國古詩選》和《中國新詩選》都由聯合國教科文組織出版，英文著作《李清照評傳》和英譯《漱玉詞》等均在紐約出版；而最近法譯的《唐詩三百首》在北京出版。北京圖書館正整理她的全集，《唐詩三百首》正在北京展覽。據最新的統計她的著作在一百一十種以上。

　　胡老師是唯美的空谷幽蘭、華岡頂峰的一顆臨風玉樹，半個世紀她以搖曳之姿踽踽於陽明山徑，如今卻倏忽不見，給後人留下如此豐厚的文化財富；給她的學生和親友留下無盡的思念（2006／10／20台北初稿）

　　我手邊保存了胡師最後的兩封信，抄錄於後以誌永念：

真弟：

新書出版了，恭喜。

我大病了兩場，曾住院十五日，現在家休養，半死不活。

　　　　　　　　　　　　　　　　　　　　品清（約在2005）

真弟：

信和禮品皆收到。病不好、心情壞，稽謝為歉。

如今除了兼任兩堂課和指導幾篇論文外，因為身心俱灰再不接電話，謝絕訪客請原諒。從前胡宗南夫人住院時也是拒絕訪客的。

品清（約在2005十一月）

三、默默祝福四十年

在台大讀書期間，和愛萍又見過幾面，她在台大護理學校畢業後又轉念師範、做了國校教師、與澎湖的同學結婚，先生海軍官校畢業，在艦上服役。海外的時光易過，轉眼十多年過去，八十年代初在台北參加同鄉兒子的婚禮，簽名的時候有人在背後摀我的眼睛，回頭看竟然是愛萍，滿臉喜悅的樣子，還帶有童年的頑皮。老伴在旁我介紹她們認識，她仔細地打量了一番。這時她先生已經退役，轉任商船船長。又過了幾年，在台北參加苑校長的八十壽宴，又遇到了。這次她帶了兒子，挺英俊的青年在上海投資挺發達的。

1995年九月我回國為侄兒覺民主持婚禮、路過濟南，他哥哥廷淦請我在家中餐敘，這是個難得的聚會，他們兄弟姊妹全到了。海峽分隔半個世紀、各人有不同的際遇，廷淦是我縣中的學長，當時很有交情；我回鄉探親早就見過多次，他自幼才智過人，在新中國治下做了名教授，歷次政治運動都平安過關；大姐淑萍是我同班的才女，當年瘦弱文靜，解放後飽受迫害，但她堅苦奮鬥，敢作敢為，創造了豐富的人生；愛萍獨自離家在戰火中奔命，輾轉到了台灣，完成學業、建立美好富足的家庭。這中間卻插入了一段驚心動魄的初戀，兩個青梅竹馬的情人在寶島重逢、雖然滿懷悲情的分手，卻豐富了人生的旅程。

淑萍還有當年的模樣，卻變得非常健談。其他弟妹都是以後出生當然都不認識，但都各有成就，不愧為世家子弟。這次相逢有幾回單獨談話的機會，才揭開了她心靈的創傷。與淑萍正好相反，她看似活潑開朗，其實性格內向，又背上歷史的包袱，當愛情逐步升級到面對現實的境地，她的感情昇華了：「我配不上他，愛不是佔有，是為你愛的人付出……」。我完全體會了她那種悲劇性格的根源；也深信她說的四十年來默默地祝福。她講了一個神奇的夢：

很多年前做過一個夢、清清楚楚、是一副年畫：畫兩個小孩背對背坐著，中間是一根鐵柱子；男的穿一雙虎頭鞋，女的疏兩根小辮子，再仔細看男的竟是你，女的就是我；忽然來了個老和尚，拿著一綑鐵絲把咱倆從腳上纏起，邊纏邊念著：「你們兩個無緣，等到鐵樹開花」。越繞越高越緊，眼看繞到脖子就要扼死，大叫一聲醒來」。她一直帶著深黑色的太陽眼鏡，說是早年把眼睛哭壞了，畏光：

「我生來倔強，挨母親的打罵最多，從不告饒」。

兩個六十多歲的老人，回顧他們一生纏綿緋惻、曲折離奇的心路歷程，激動處涕不成聲，豈不是一副悽美的畫面。

世事多變、白雲蒼狗，轉眼五十年過去，到如今天各一方，各有自己的世界；但又何妨互相祝福。

四、鳳西新書序

鳳西的第二本散文集即將推出，她本想請名家作序，但要把全部文稿寄去、又要趕時間，就有點麻煩；最方便的辦法還是請老公執筆。我以為書的「序」言並非必須，自己如有話交待，自

序最好。沒有特別要說的，你的大作就在裡邊替你說了；一定要我說幾句那是抬舉又是自我表揚的機會，怎好推脫。

鳳西的第一本散文集「旅比書簡」自1998年出版至今已經八年。這期間日子過得悠閒，她參與了許多文藝活動，寫文章較前快捷，提筆就來、一揮而就。但在文風上有很大的轉變。收集在這裡的文章，活潑、生動，就像她中年以後性格上的轉變：自由自主、無拘無束，來去如風。

從戀愛結婚迄今四十二年（1964－2006），在華僑圈子裡我們是神仙伴侶。家事由她主導：煮飯、燙衣、床單換洗、客廳配置，尤其是花草培植，她有一雙魔術師的手，花草經她一摸每株都欣欣向榮；在別人家懨懨待斃，來到我們這裡常常會霍然而愈。請客是最樂意的事，總要讓客人盡歡；至於對女兒而言那就是世界上最好的母親，不管哪一個回到家裡都吃到最喜歡的東西，受到最貼心的撫慰。

環顧四周的親友、天災人禍的不說，白頭到老過不下去，而分道揚鑣的比比皆是；勉強撐著門面，艱苦度日的更多。在西方社會生活了大半輩子，卻甩不掉傳統的枷鎖。有中國式的離婚，就有中國式苦撐門面的夫妻，洋人哪裏能懂！

多年以來我們培養了一種息爭的習慣，就是眼看爭執升級、及時停止，等冷靜下來，思考以後再談。雖然言之成理，卻不容易。

「良性互動」是鳳西的弟媳蘇敏儀提出的高見。除非你知足有德、珍惜你所擁有的這一切，否則三、四十年的相處，也難保不出現危機，她就提出良性互動來調適夫妻關係。如果「良性互動」不被對方接受，還有「一國兩治」，各取所需不必勉強，真是老夫妻相處的妙方。

上面是從消極方面講化解衝突之道，但應該積極一點，平時就注意把日子過得有意思：培養發展共同的愛好：跳舞、旅行、寫文章、交朋友兩人都喜歡。她喜歡唱歌，漸漸地我也有了興趣。我每天晨泳，她游泳池的朋友比我還多。她熱衷於跳舞，有時跳得我很煩膩，過了一陣子又喜歡起來。

如此這般我們渡過了許多危機，目前形勢一片大好。幾年前她常說：「活到這把年紀，還能改什麼？」可是想把二人的日子過好，要雙方努力才行。這幾年的「修煉」讓雙方都有了許多改變。

五、鳳西的演唱會050306

鳳西跟林惠萍老師學聲樂有三年多了。惠萍是台灣音樂系出身，比利時皇家音樂學院畢業，成績優異。年紀輕輕在音樂上的成就和做人處世的修養上，得到親友和學生的敬愛。鳳西跟她學唱非常認真努力，也自得其樂。

去年林老師為她的學生們開過一個演唱會是大眾化的，鳳西的演出最為成功，得到更大的鼓舞。這次的演唱會是專門為她和傅維新先生舉辦的。聽眾只有演出者自己邀請幾位好友，就在老師家中上課的地方舉行。

傅先生八十歲了，他學唱歌是個奇蹟、令人感動。去年的演唱會他是個聽眾，林老師介紹她的一個家庭

主婦學生說：「她不懂樂理、不識樂譜，忽然想學唱歌，大家聽聽她一年來的成績」。這個學生的演出給他莫大的誘惑。

　　他做了一輩子的文化工作，都是為人作嫁，現在閑來無事何不也來學唱。於是他也拜師了，做了鳳西的學弟。可是他既不識豆芽菜、也不認得數字的簡譜，全憑記憶，用土法學戲工夫、漸漸上路。一年下來他學會了用丹田呼吸、肚子發音的技巧，背會了幾十首名曲。

　　林老師特別請來琴師曾增譯伴奏，也是台灣來的皇家音樂學院的高材生。青年英俊，伴奏熟練、性情隨和，今年才二十六歲。小小的音樂會非常慎重，上個星期日踩排，雖然只有兩位家長、傅太太和黃先生參加，仍然鄭重演出，會後老師請客在中國城酒樓擺一桌宴席。

　　3月5日正式的音樂會、會場由周禮強夫婦頭一天來布置，煥然一新。聽眾不過二十人，鮮花擺滿，演出成功圓滿。林老師

準備了小酒會，之後，演出者請大家到流浪子飯店聚餐，盡歡而散。

六、幸福來自心中111106

　　什麼是幸福？我的定義是「自我滿足」：自己覺得不缺少什麼，每天高高興興、快快活活地過日子。大人物也好，小人物也好，活在這樣的景況中可以說他是幸福的；這與財富、權勢、學問、家庭結構……都沒關係。你看那些有錢有勢的人，為了謀取更大的權勢、更多的財富，每天嘔心瀝血、肝腦塗地，幸福嗎？不見得！學者做學問、文人寫文章很多是幸福之人；可是如果你老覺得懷才不遇，總想一鳴驚人，那就活得不幸福了。

　　我的觀察「幸福」是與生俱來的，有人天生就是幸福的；有人天生就是不幸的。生來幸福的人，在任何環境中都是快樂的、滿足的；不光自己快樂也帶給別人快樂，如果遇到不幸的事，他就設法克服或超越，仍然過他幸福的日子。相反的，生來不幸的人，是那種永不知足、永不滿意的人。錢總不夠多，名總不夠大，懷才不遇，他未能得到他應該得到的！舉個具體的例子：

　　岳父郭將軍他總以為他的太太最好，兒女都成材。太太比他年輕又漂亮賢慧、卻先他而去；老年喪妻何等悲痛，而他卻能從悲傷中走出，七十開始又創造了他光輝的晚年，每天有一大群弟子圍繞，尤其是幾個極其親密的女弟子。那些年他曾作七次環球之旅，台灣是老根，美國大陸都有兒女親人。不但自己活得快樂，也帶給別人快樂。老伴鳳西承傳了他這種性格：每天過得歡歡喜喜，老公、女兒、女婿，她的最好；朋友一大堆、各種各樣的，不斷地奉獻自己，給人快樂、自己也樂在其中，朋友們常說

的一句話是：「我怎麼這樣好運交了你這個朋友」，不斷地吃吃喝喝、不斷地聚會、不斷地旅遊；好像挺有錢、其實寅吃卯糧。有什麼關係！「船到橋頭自然直」，總比捧著金飯碗向人家要口飯好吧！

七、兩性淒迷310805

中國人對「性」的問題，自古諱莫如深。孔夫子雖然說「食色性也」，可並沒有進一步討論。中國人對於「性行為」的用語也很粗卑：「奸」這個字不但不雅，而且非常狹隘，只有肉沒有靈。文雅點的詞語如：「行床」、「床笫關係」，比之洋人的「做愛」（make love、faire l' amour）差遠了。

在日常生活中這件事的現象，舊時代男性為尊，女性常淪為洩慾或生殖的工具；男人可以三妻六妾，嫖妓宿娼；女人最多也不過在家中做「正室」、「大房」。到了新時代、現時代，男女平等了，甚至女權至上，在性行為方面，女人有同樣的自由。例如台灣的大人物中，夫妻二人都身居要津，太座也好風流，和大老闆有一手。某日閨中至友留宿，男主人午夜出門，客問：「這麼晚了他還去哪裏？」答曰：「人家有固定戶頭」。平等而公開、相安無事。另有一例，也是侯門世家，太座自己供不應求，而對先生控制很嚴，先生愛惜羽毛，並不另尋出路，但不無怨言：「佔著茅坑不拉屎」，細想也是天才名句。

行床也好、做愛也好，總得兩情相悅、靈肉交融，才能進入「做愛」的真諦；縱是操皮肉生涯的妓女也能進入狀況、如醉如痴。如果光是一方面衝動熱烈、另一方無動於衷、甚至不屑其行：「你要、拿去！」那是嗟來之食；更不消說：「看他那個

蠢相、氣喘噓噓、汗臭撲鼻，噁心死了」。夫妻行床到了這般光景，那是婚姻關係的紅燈，應該及時調整，否則悔之晚矣！再說健康的性生活可以使雙方受益，尤其是女人，之所以容光煥發常常是受了異性的滋潤。

一般男人的性慾強、需要多，太太應當體諒同情，上面說的「夫妻行床」的例子，做太太的應該反省調適！男人的「青春期」也比較長，八十歲以上仍有健康性能力的不足為奇。吾鄉有一鄰人小名「八蛋」、因為他是在他父親八十歲時生的。

八、台北札記（備忘錄）15—29/10/2006

15/10 di

長榮班機一早準時降落中正機場，有專車接我一人送到康華飯店，司機退役少校，第二代山西人。亞洲下午來會，晚上吃雲南過橋米粉、捲餅，送他上公車，約好明天先去北投。

16/10 lu

飯店早餐非常豐富，水果特好、許多新品種如龍鬚果前所未見。飯後去昨天亞洲上車處搭車。問等車的人去劍潭乘捷運要坐幾路車？有多條可到，但一位老太說你最好搭277，下車就是捷運站，說著一部277遠遠開來，可是忘了帶零錢：

「啊呀、我沒有十元！」

「我給你！」一位中年婦女把十元硬幣遞到我手裡。這樣的人情味叫我深深感動。在劍潭捷運站想買一張三百元的老人悠遊卡，不會操作自動賣卡機，請一位女學生幫忙，她很熱心。才搭上車手機響了，亞洲來電叫我先到家中，他開車先去北投鎮公所，再去提款八萬，之後開去秀威公司，放下我他就回去。原來

林世玲是個年輕可愛的女孩，宋政坤總經理也來接待。決定稿子帶回旅館校對，世玲送我到公車站，找到紅31路公車直接到松江路口旅館前面。

晚上阿標應邀至，先進房間聊天，好勝的脾氣如舊，送他那塊乾酪 Camember 很高興，出去吃飯不能搶，搭計程車去一家廣東館，他是熟客，飯後散步回來，他說走不動再叫車。心臟做過大手術，裡頭裝了個支架，還有別的毛病，健康很糟。

17/10 ma

義燦約好下班來接，電話中已聽出身體復原得很不錯了。

中午去對面巷子買吃的回來（飯店的廣東飲茶難吃又貴），買了燒餅、問賣花的哪裏有水果店，她熱心解說幾步遠便是。年輕夫妻經營一個小店排長龍，我選了木瓜、西瓜、香蕉，老板娘手腳玲巧削好裝了兩盒，我和眾人搭訕，手提幾個小袋，一位熱心老太幫我裝了個大袋子好提，到處是好人，哪裡有族群問題！都是政客操作出來的。

依然是司機小陳開車接了我就去李府，琿如已準備好去吃「東來順」。點了拉皮、蒸餃、捲餅……。飯後再回去聊天，義燦完全復原，又照常上班打球了，九點前二人送我回來。

18/10 merc

這家（康華）旅館10月20日到期，必須另外安排住處，打電話給國軍英雄館往復幾次終於訂好，單人房一千元。打電話告知殷子超兄，他下令：「趕快退掉，金鶴剛才回去，他的房間整理得很乾淨，你何必花錢住旅館」。於是退了，亞洲堅持當天兩點來接送。

晚上秀威宋總經理夫婦和重要二位女將來接去吃「羊城小館」，廣東菜很不錯，我把校稿交了，重活完工、輕鬆多了。

19/10 jeu

一早打幾個電話：

其豐家接電話的是靈靈，看來大姐病的不輕，姐弟二人輪班回來，吟才走。好像是一種活動的癌症，從眼睛開始，證實後開始清理，已動過手術，在家休養，情況還好，約了星期天去探望。

東方大哥剛遊大陸回來，說大陸上的名勝只剩了西藏沒去。口音沙啞，興致濃，他們是三人旅遊小組，每年出去。他說：「大妹辭職陪婆婆回來看病，樹和等綠卡不能動」，要聚一聚。

20/10 vend

搬進八德路殷兄住處。八德路二段220巷19號。從忠孝南路向市民大道方向在大道前回轉兩次可以停車門前（單行道非如此進不來）。

21/10 sa

胡教授之喪（另有專文）

10月21日星期六，胡老師的葬禮「倍極哀榮」。老一輩的學生到會的有李萍子（她說代表紐約的賀敏琳）、黃志鵬（專程返國）、沈成添、高準；大學部的看到陳明。老一輩的有宋晞、鍾鼎文的簽名，沒看到人。鄭貞銘，在場沒見到。人的變化太大，老的變形認不出來；（自己看不見自己）。沈成添乾瘦禿頂，萍子還好，人縮小了（原來比我高，現在矮我半個頭）聲音不減。高準首先遞上他的名片，折疊式的有學歷、頭銜、著作……密密

麻麻不忍卒讀。人變得迂迂糢糢、粘粘糊糊、抓住我不放，好像說他明天要去上海如何如何，叫我打電話給他，我覺得他仍活在他祖父的陰影裡。看到老師的妹妹胡品球由兒子陪同，她很壯實，當年在陽明山見過，親姐妹竟然如此不同。

我自覺挺體面、給老師充面子。內在修為也比他們都高一點，其實我比這幾位老同學都大幾歲。

星期一（23/10）還要再送去金山下葬，08h00在劍潭捷運站有專車。

世玲下班把校稿送來，這位小姐摩托車來去如風，我連夜校好，次日一早有專人來取回，敲定星期四印好。

22/10 di

今天本來約好要去看其豐大姐，但與靈通話，不方便，因為大姐手術後，非常虛弱，最怕感染，只好說過幾天再打電話。今天中午便可赴陳黎琴之會。既然去就希望多見幾位老友，我邀了徐大夫和老錢。「五家」的地址在松江路182號2F，不知如何我弄成183，先是公車搭上反方向，再把門牌弄錯枉費了許多時間，對我來說這都是經常犯的錯誤。我邀了徐大夫和老錢，告訴人家錯號，幸而他們都知道地方。

今天到的人不少（共九人），都是重量級的：陳秉璋竟然是他回國後的第一次相逢，精神極好、每天打網球、太陽浴，曬得黑黑的、談鋒很健，當然還是用他的女高音。陳黎琴風度翩翩，當然比早年成熟，還是溫婉可愛；到了做「阿媽」的年紀，兩個英俊的兒子不結婚也徒然。劉海北手術後出門不便，卻從內湖搭捷運趕來。我們近年雖和他聯絡不斷，見面還是二十年來第一次，人變得胖呼呼的，風趣如昔、毫無病相。席慕容託他帶給

我們最新出版的書和在比京照的相片，好幾張，一張全體照、兩張各別和她的合影。徐大夫我們近年見得多，看不出變化，話很少，注意聽別人的。話最多的當然是阿標，不時加幾個法文字。老錢話很多，對當年有許多精彩的回憶（如謝神父開車、他搭便車（stop）被誤認為神父）都很精彩；他又重複無國之民的感慨：在比國工作了大半輩子，比國人永遠不把你看成同胞，到中國把你看做華僑、台胞；最難過的是在台灣淪落到要被趕走的地步……。我說：「要想得開，你也可以翻過來說：『在比國是公民、有退休養老；在台灣不但有這些、而且還是永不退休的專家學者，兩邊都有永久居留權；去大陸又待如上賓』。這種景況很多人做夢都想不出來的」。無可否認錢兄是一位自強不息的學者：從研究海底的珊瑚礁、到地下的石頭、再進入玉器古玩；用科學方法和儀器建立了他鑑識古物的一套理論；而自己的收藏又難以數計。梅生最近透露「老錢的一件東西參加倫敦富士比拍賣，25萬英磅他還不脫手」。

會後去遠傳查明手機使用的情況，我們是合法客戶，就這樣繳費（月付16nt）使用手機電話沒限制。

25/10 merc

10點半李萍子邀我去法語中心見面，先敘舊後吃飯。她是師大法語中心創辦人，退休後還有個辦公室，無薪的顧問，受人敬重。她是出名的心直口快，劈頭就說：胡老師的喪禮怎麼老同學都沒來，一定是他們沒通知到！

我查到林享能的電話，黃貴美接的果然如此。她說我給學生上課也沒人提。

享能剛從大陸開「兩岸論壇」回來，約好明天26/10去他辦公室見面：新生南路1段122/1號2F。Tel 2395-9418。沈成添本要請我吃飯，明天一起去林享能辦公室就合併了。下午赴老錢的約還是老魯汶那些人，席慕蓉也去了。

李義燦又要請吃飯，我推辭了，他中氣十足、每天打球，無須老友陪了。

手機查號打105還查到：張溯崇28344705

26/10 jeu

與東方大哥通話，得到許多信息：

「南京大屠殺」「碧血……」二書湯生有可叫他直接寄去，劍潭房子裡也有，鳳蘭有鑰匙，但電話無人接。

我得趕去看林享能，約好11點去他辦公室：新生南路一段122/12F，貴美從家中趕去，我還邀了沈成添；可是台北的門牌常亂套，找到122號都是破房子，再下去就是盡頭124號，幸而問到知情的人說你過馬路到台銀那去看看，果然找到了，你看怪不怪124號過了馬路又出來122/1！

享能是政治學門夫妻，都是政大政治系出身，屏東人身材高大夫唱婦隨，當年是夫妻考進來的，結業前考取外交官，一帆風順，他不久才陪連戰去海南島參加兩岸論壇回來，興致勃勃，他寫的一首損阿扁的詩妙絕，想不到文采也是高手。

重頭戲——寄書：源流和求是都已送來，必須今天寄走。

《黃氏源流》寄給台灣的重點圖書館，計有中研院近代史研究所、台大、東海、中山、慈濟、文大、新加坡大學（據說專收集家譜）……

《求是文摘》寄：趙淑敏、席慕蓉、阿標（在老錢家交）、楊佳雄轉陳黎琴、賀敏琳、李義燦、王梅生黃人鳳、林享能、沈成添、王福勝、郭東方、大妹、甯琳、郭明進（志一出版社）文大、衣玄。

前天世玲來送書並結帳，寄費中大陸30本求是，20本源流三千台幣（台灣寄大陸郵包只有快遞），我說太貴了，以後可以寄香港侄兒轉去，她立即與公司聯繫改寄香港覺民處，只付九百。我打電話給衣玄告知書已印好，要她的新家地址好寄一本給她，她立刻用短信傳回。

馬頤祖開車來，秀瑾風濕痛不能來，他很有精神，頭腦靈活，看不出也七十多了（小我兩三歲）送一本求是、帶一本源流存放。

寄的書上午郵局開門多半寄了，未備好的預購了郵票，晚上還有幾本缺郵票，問 Seven Eleven 也賣郵票，除了國外的都寄了。

29/10 di

亞洲說好十點來接去他家，昨天已經把行李大致整理，今天還得重裝。時間充裕，我就先來寫寫這個住處：八德路2段220巷19號，這是個空軍的眷舍，大宅院，人都搬走了，住幾個老人。房子是待拆改建，地點寶貴，地皮值錢。出門右轉八德路，下去幾步就是中崙加油站，再過去大街就是國民黨大本營、中央日報社、大潤發超市……；出門左轉過市民大橋下的兩條大道，有個小公園、穿過去就是忠孝南路三段227巷，這個巷子各種吃的用的應有盡有，我常光顧的四海豆漿、老地方牛肉麵都在這裡，走到巷口就是忠孝東路三段、左轉下去223號北方館吃油餅、小米稀

飯，雞絲拉皮、蔥爆羊肉……；再說住的，大倉房中間走廊兩邊小房間，殷兄住兩間自己裝了廚廁，他對面還有一間客廳（兩年前鳳蘭來打麻將的那間，現在已無人打牌、布置成會客室）隔壁就是我的睡房，很乾淨。整個大院不過三五人住大倉房，其他幾戶另外還有房子，因此共用的廁所、浴室只有三人使用，很少碰頭。這裡對我最適宜，來去自如，每天洗澡如廁不計其數。

九、上校夫人050906斜對面七號的老太
Mme Cardol BARTHOLEYNS

　　昨天家裡有工人修車房，鳳西的車不能開進去，我替她找地方停車，七號對面剛好有空位，我停到一半忽然想起這個空位不能停，妨礙對面的老太倒車出來，正待離開，她在窗口招手，意思是可以停。我把車停好、她已站在門前說話了：

　　「我的車送修，這幾天沒車開」。

　　「噢！」

　　「上星期那場大雨把我困在維深拜克Wezenbeek的大路上，車子裡進水淹到腳脖子，一個年輕人把我背出來……打電話求救，區公所的拖車來了，把車子拖到路邊，再打電話給Touring secout（專門救急的修車公司）他們把我的車子拖去修理廠，又把我送回家……」

　　她的談興很濃，我家中滿多事卻不便走開。這位老太八十六，先生是位上校於六年前過世，有兒有女、自己過活，走路都不穩，可每天開著她那部老爺車逛來逛去，她家對面本來是個合法的停車位，但妨礙她進出，所以經常要和人打交道把人趕走。她的談興很濃，接著又說：

「你見過我先生的，他本該升少將，為了我他放棄了機會。
我十七歲和他訂婚，他大我三歲，陸軍官校剛畢業，好英俊啊！
正要結婚，打仗了，給德人俘虜，沒下落。戰後歸來才結婚的。
我們的孩子出生不久他又被派去德國。他拒絕了，他要陪我，只
好守在比國軍中，哪還有升遷的機會！上校就到頭了……喔！你
的刺蝟還好嗎？」

「夫人，現在是冬天，刺蝟冬眠，早就不出來了」。

十、戴溫德先生 M. Joseph DEVODEL

1971年夏天、岳父母來歐洲遊歷，比京的幾個朋友－聽說郭
將軍是太極拳高手，都想跟他學習。我們就組織了一個學習班，
每天一早在五十年紀念公園（Parc Cinquantenaire）跟他打拳。這
班人計有：錢秀玲僑領、余叔謀博士、外交部派來比利時大使館
實習的學員章孝嚴；有一個比國青年醫生曾在台灣學過針灸、學
過太極拳，也加入學習，他就是後來與吳逸荃博士結婚的白彥士
（F. Beyens）。每天有一個手提公事包的中年紳士經過、總會駐
足觀看，非常專注，相談之下知道他是比利時中央銀行圖書館館
長戴溫德先生（Joseph DEVONDEL），此人精研瑜珈術，有好
幾本專著，他也加入學習。大約學了兩個多月，其間曾多次去一
家瑜珈學院叫做「道學會」的（Ashram du Tao）作示範演練，主
持人柯魯芝先生（Juoseph CLUDTS）。郭將軍走後，這兩位瑜
珈大師要求我繼續帶一些瑜珈院的學生練拳。在戶外演練常去的
地方除五十年紀念公園外，也去拉肯的中國塔（Laken，Pavillon
Chinois）前帶一群人打拳；這時衣玄三四歲我常帶在身邊，打拳
時戴溫德夫人就看著她。

三年以後他們把郭將軍請來了，太極拳在歐洲傳播開來；可是郭大師的拳路變了，他跟王延年練推手，把太極拳轉向擊技的路子，這與戴先生的理念不合了，他仍守著初學的一套，常常懷念我帶著他們練拳的日子。

瑞士有個醫生 Dr. Jordan FABRICE 沈迷太極拳，他從戴溫德那裏找到我，我把郭大師的全套工夫從錄象Video（大弟子 Richard DESOMME 製作的）轉換成 DVD 給他，也給戴溫德複製了一份。每年他都寄一張賀卡、用他特別秀麗的書法寫上長長的祝福。這一回接到他的信打電話約好去看他、帶上郭大師功夫的 DVD 。雖然住處不遠，也有信息往來，但一晃許多年未見、兩人都已進入暮年、尤其是他夫人行動不便，戴先生要隨侍左右。他很興奮我的來訪，出示他的近作手稿「艾德拜克──歐洲太極拳的發源地」（Etterbeek─L'Origine de Tai-chi-chun en Europe），有政府首長寫的序。打開看都是我那幾年的教拳記錄，他說在出版前要徵求你的同意。這位老友怎能不寫入回憶。

十一、遙祭亞洲

12月12日下午三點、亞洲的大女兒來電話說他爸爸剛才過世了。真是晴天霹靂。我問了簡單的情況，一時說不出話來，叫她先掛上電話，等一下我再打來。過了幾分鐘，情緒穩定了，再播電話過去和菊妹通了話，經過是這樣的：兩天前他有點感冒，後來又有點頭暈，決定去榮總看門診，女兒送去，住了院且越來越

難過，發現肺部出血，搶救無效，就這樣去了。回想兩個月前我
來台北和他見面最多，這一段時日是二人的最後一會，終日縈繞
心頭，揮之不去。禁不住寫了下面的祭文：

亞洲：

　　我想給你寫個傳，關於你祖上的事蹟、已請仲俊去蒐
集，一旦他的材料寄來就可動筆。我把你提供的寧陽縣中的
資料都寫進回憶錄裡，你連同班同學的座位名次都記得、真
叫人服氣。可惜的是你講的那些寧陽世家的掌故、像李文範
祖上發跡的傳奇，寧琳祖上的事業種種，我都記不下來。

　　誰能想到兩個月前的一別、竟成永訣！我於10月15日一
早到台北，旅館有車接機，你中午就來康華看我，晚飯我們
在旅館近處吃雲南的過橋米粉。約好第二天坐捷運去你家。
第二天我剛搭上捷運車手機響了，你問我到了哪裡？一到家
門，你就把車開出來，那可不簡單。你們那條小街停車位千
金難買，幸好對門的鄰居互相照顧，平時他們的摩托車佔著
位置，你進出都要先把摩托移開，把車停進去或開出來，再
把摩托車擺好。那麼小一個停車位要把車子停好，不但要很
有技巧，還得有點力氣把那部摩托車搬來搬去。這天你開車
帶我先去北投鎮公所辦完事，再送我去內湖出版公司。幾天以
後我要搬出康華住到殷老兄招待所去，我打算叫個計程車就好
了，打電話告訴你，你說：「你別動，我來接你送你過去」。

　　我們路上話題除了陳年舊事、就是台灣的政治生態。你
對陳水扁、民進黨的作為深惡痛絕，政治意識非常強烈；我
是局外人，看法比較客觀，咱們常有爭論，甚至吵得面紅耳

赤。你家中無人惹你生氣，就只有我和你有所爭辯。這兩年回來的次數多，大體上都是這般光景。

10月29日星期日上飛機那天，你先接我到家中。飛機是半夜起飛，我們吃完菊妹做的精緻晚飯，你叫我把行李從車上搬進屋裡重裝一次，把手提行李減輕。然後二人從容上路，一路仍說個不停，這一回說的是李文範家發跡的經過：如何兩支歸為一支，成為全縣的首富，女兒嫁給曲阜孔家、嫁妝從寧陽排到曲阜……那些地方上的掌故，你都如數家珍。我進機場你回家，到登機前我的手機響了，你問我是不是清醒著，因為上次在登機口睡著了，臨時更改登機門沒聽見、幾乎誤了飛機。這一通電話竟成了你給我的遺囑：「要清醒、別誤了事！」

十二、醫藥進步的罪惡280106

對門的老太太終於把老先生送進養老院。第二天在門口打招呼，她說：「我可睡了個好覺。」

其實老太太只比他先生小三歲，也是老病號，因為要照顧先生、責任重大，才撐得住。自從老先生行動不便以來、想盡辦法來伺候，先裝個升降機把老頭和輪椅沿著樓梯升到他的床前。後來他連上下輪椅都不行了，就乾脆把他的床擺在客廳裡。可是他要如廁、洗澡，

雖然有個按時上班的佣人，她還是伺候不了，只好找了個近便的養老院送進去。

她每天都去探望，把他喜歡看的壁畫、相片都布置在他房間裡，雖說近便走路是不行的。他們的兒女、佣人、親友都幫忙接送。我們每周總有一次。這種地方我們已經見過幾個[1]，可以說它是「人間地獄」。

住在裡面的人，不算是病人，只是老人、老到奄奄一息；有人坐輪椅、有人坐在特別的椅子上、也有人能坐普通的椅子；有人頭腦清楚、有人糊塗、有人怪里怪氣作做無意識的動作、還有人尖聲怪叫說個不停，（一個九十八歲的老太被安置在大廳入口背對著眾人，因為她不停地叫喊妨害別人）。這些人都已不能自行起坐，也已不能自行表達意思；可都穿著整潔、梳洗乾淨，坐在那裏等候吃飯或茶點。

他們都幾經與死亡拼搏，本可安祥地一走了之，卻被專家們從鬼門關拖回來，拖來拖去、最後拖到這裡，專家們已鞠躬盡粹了，而他們還是要走的，在這樣的景況下等候死神的召喚！

這裡的設備和服務是一流的，住進去要先繳一筆保證金，住院費除了國家補助自己每月繳上千歐元。一般平民是住不起的。進出有各種防衛設備，主要是防止病人行動，他們大多已經行動不便，可是還得防萬一摔著碰著，所以電梯藥房等處進門都有密碼。

這不是人間地獄嗎？

---

[1]　岳父郭將軍住院三年、黃瑞章老先生最後住的那家也去過多次、最近去台北還探望了苑校長。

十三、寄六妹談近況170107

建華，

　　前天你來電話，敘了半個多小時；但言猶未盡，再寫此「近況」、有鼓勵之意。你講的故事肯定動聽，應寫下來留念；而且左右都有人幫忙，你又沒正事。我的「近況」也希望能給晚輩們一點啟發的作用：君子自強不息嘛！

近況

(一) 鳳西代表全家於2007年1月4日赴台參加亞洲1月9日的喪事、預定1月25日回比。1月12日與人鳳赴港看女兒，覺民接機、把她們安頓在將軍澳他的房子、他可以在公司過夜，周末又回深圳，所以她們住得很自由。當天晚上衣玄接她們去她的新家，給她們接風。鳳西對香港很熟，這幾天她們自己逛。梅生夫婦少不了請吃大餐，並商量十月台大同學會的武夷山之旅。

(二) 我一人在家事情挺多，不感無聊：腦子用累了，就運動手腳，出了不少活；跳舞課一人去上，老師特別關照，上次複習「鬥牛舞」和「吉利巴」新招，很有心得。

(三) 僑社的活動很多：先是洪清惠的演講會，她講「陶瓷的製作」，她在這一行已經闖出名氣，經常有展覽會。她的演講很動人，可是 Rosa Lin 說沒有學術味，聽眾坐滿了那間教室，曉明招攬之功不可沒。會後有餐點，留下

來與大家多聊一會兒，不料就這一會兒，停在門口的老爺車被拖走，破財二百元，兩個小時才找回車子。

(四) 劉祥璞大使嫁女兒，親自打電話來邀，和他們夫婦交情不淺、不僅和劉的同學之誼，鳳西和劉夫人溫若桂也是好友，平時常相往來。他的官運不錯，台灣的邦交國有限，他竟做了幾任正牌大使，尤其退休前駐芬蘭幾年。他們請的客人不多，飯店選得也樸實優雅。U字型的坐位不過二、三十人。朱老師的兒子代表他爸爸出席，他是成名的歌手，出過許多唱片，想不到誤打誤撞竟和他為新娘合唱一曲「愛我要輕柔」（Love me tender）。

(五) 孫沂的新書終於收到了，他用快遞寄的，花了三十多人民幣。這本「孫沂文集」包括七十自述、詩文選、相片集。我們黃家和孫家的親屬關係錯綜複雜：若從守真堂伯麟大姑那裡論輩他叫我表叔；若從二表姐那邊算平輩，他總是叫我表叔，我則稱他「老弟」。此人是一個「天下沒有埋沒的天才」的例子：由於出身不好（黑五類）年輕時吃盡了苦頭，但是愈挫愈勇乃有大成。

(六) 游泳池的變化很大，晨泳的老友還是那些，跳水的只剩我一人堅持；阿爾風士和奧仁還偶一為之，所有女將都不跳了，其他費南等人也都不再登台，兩三年前的跳水盛況不再。我仍然先游四百公尺四種姿勢，再跳六次三種花樣。游泳的過程是先經過地鐵站停車、去取免費小報供晨泳的老人取閱，入水前淋浴，熱水後澆冷水，然後入池；游畢再大洗一通，使用名牌洗浴劑、熱水後仍沖涼水。最近天氣很壞、風雨飄搖，照去不誤。

(七) 衣藍和尼古拉趕工，和我商量星期天想把嫣然送來半天，我照鳳西的作業叫他們來吃中飯，飯後他們回去幹活，六點接孩子回去。這一回嫣然特乖，看了兩部卡通，睡一大覺、和我講了許多學校的事；這時新民來幫我裝書架，我們照樣工作。

(八) 自從替鳳西做了個畫架、非常精緻，又熱衷於小木工製作，家用器具的修理尤其是電器（通訊兵出身嘛），拆洗了廚房的抽煙機，還替曉明排除了汽車的障礙，修理了車房的電燈。衣藍幫我在宜家 IKEA 買了兩台書架，安裝很不簡單，新民很在行，幫我裝起來，但細節仍然很多，自己弄得天衣無縫才算完工。

(九) 開天目的故事我說過了，有非常神奇的景象，但並非穿牆透體、想看什麼就看什麼。我看到的都是山水、樹木、天空星辰。以前常在打坐時出現；近來睡覺時面向上，無論睜眼閉眼都會出現那些景象；在游泳池仰泳面向，上屋頂變成星空和山水湖泊，所以四百公尺轉眼就游完了，真有意思。

(十) 衣藍去巴黎見客戶、帶孩子去住一晚，爬上鐵塔。回來通電話又要求來吃飯。我心裡有準備，早上在公園請教阿斌「包仔飯」做法。我有臘肉、風雞，用電鍋淘好米、把材料放入，再放進炒過的青菜，起動電鍋準時煮熟、香味四溢。需要改進的是下次應多放臘味，增加臘腸；炒青菜是把泡菜、胡蘿蔔通通撈出來切絲炒肉；還烤了兩塊豬排；紫菜蛋花湯也很成功。三人吃得過癮，並給方百里帶一盒飯加豬排。

十四、在衣藍公婆家過聖誕
Aix-en Provence 24—27/12/2006

衣藍大學畢業（1996）不久，就去方百里（Nicolas Frappoli）家實習，方家是建築世家，當地的公共設施許多是由他們承包的，她在那裏實習一年才拿到建築師資格。所以對艾克斯（Aix-en-Provence）這個地名早已耳熟，可是直到這一回才真正地到了這個地方來。

事實上他們住的那個村子叫做「廢宮」（Les Figons）距艾克斯還有六公里，可是廢宮沒有商店、連郵局也沒有，買一包煙都得開車去艾克斯。他們住一棟很大的老房子，房前是很大的果子園：橘子、蘋果、梨、吃不完。老房子改建，用古典的木材（如柱子、地板、牆壁）和新式的建材（如暖氣、廚廁……），由於遷就老的架構，拐彎抹角、開闢出許多隔間：有個大客廳、燒著熊熊的木炭火壁爐。下幾個台階就是餐廳、面對著果園。樓上有各自的臥房、書房、畫室、客房……。

廢宮有居民五百，街道只有一車之寬、對面來車就得讓道，有他們一定的規矩。

艾克斯有古老的文化淵源，凱撒曾親自率領他的羅馬大軍攻佔過這個

城；現在成為法國的文化重鎮。人口也不過十二萬多。有許多旅遊景點、古蹟名勝、著名的文法科大學（工程、醫學、尖端科學在馬賽）、美國學校包括一所有名的大學。於是這個小城的地價比巴黎還貴；最不能想像的是廢宮的地價又比艾克斯高出很多，真不可思議！不過這是現狀，據衣藍的公公 J.P.（圖右衣藍對面）估計，房價會慢慢下跌，所以他們不久前賣掉一棟小屋三十多萬歐元。

十五、歐洲大雪080207

最近老富豪 VOLVO 晚上停進車房，因為鳳西的奧迪 AUDI 進廠大修。今天一早按時去游泳，出門時路是乾的，但有點飄雪花，走到半路竟是大雪紛飛。在地鐵站照例停下來拿了地鐵小報「Metro」，可是走到左轉去泳池的那條小路時麻煩來了：上坡方向盤不聽指揮，扭扭地靠上路邊停的車。退回來再走幾次才走到右轉的路口，真正是如臨深淵、如履薄冰；包賽東泳池的停車場要爬坡、不敢，就停在蔣家公寓前的路邊上，踏雪走過去。晨泳的老友們大都是開車來，都有同樣的遭遇。游完泳、大雪不停，可是我已經有了主意。順著路下去左轉再右轉就上了大路（Av. Paul Hymans）。大路早已有鏟雪車走過、來往車輛很多、順利到家；但門前小路雪很厚，如果停在路旁也沒問題，可是一心想停進車房，就大費周章。車房前的過道是上坡，幾次前進後退上不去，幸而老伴出來除雪，才得進去。

想到三年前的那場大雪、比這次精彩、轉眼三年過去還是那部老富豪。現在想通了，讓它退休吧！三年前的那篇「賞雪記」重讀一遍餘音繞樑，曾在大陸某報刊發表，就擺在下面對照一下！

十六、賞雪記270204

今年歐洲下了幾場大雪，造成許多災禍：公路阻塞、飛機停飛、連環車禍……；另一方面雪景很美，大地一片白茫，一切的汙濁都被潔白的瑞雪掩蓋；滑雪的人可高興了，爭先恐後擠滿了可以滑的地方。

二月二十七星期五這場雪最大，這天鳳西也該去游泳，她每周三、五、日三次，我看著窗外的雪景、心中癢癢：「去、要去游泳、一路賞雪！」

可是她說：「你的老爺車是後輪帶動，雪地裏爬不動。」可他的寶貝奧迪AUDI捨不得也不敢開出車房。

我倒要試試：試試老爺車的性能、試試老爺爺的駕駛本領。我開始準備：穿好衣服出門，路旁的車子都被厚厚的積雪覆蓋，看起來是一個個的白包。我的老富豪VOLVO就在門前，先把積雪除去，再把車子發動、讓它慢慢地轉動熱身；同時清除門前的積雪、清除車前的障礙以便上路，這時老伴也武裝整齊來幫忙了，擦玻璃、噴去冰劑、門前撒鹽，一切就緒上路了。

小路上雪深半米已經有車走過，只能慢慢地滑，方向盤不聽指揮、只能順著它的意思向前移動，出了巷口來往的車多了，大家都如履薄冰以每小時五公里的速度滑行。一段鄉村小路走完，到了風車前的丁字路口，我儘量靠到邊上，把車停住。

老伴叫起來：「你幹什麼？」她沒說完、我已下車拍照了，多美的景致：樹木、風車、小湖都蓋上厚厚的棉絮；她不能錯過美好的鏡頭，也下了車、選好地方、擺好姿勢。

上了大路才發現不得了，連環撞車、一大排車子靠在路邊、人都忙著填寫肇事經過 Constat、沒有爭執、一團和氣；大路上有一條鏟雪車開出的路，不難開，那些連環車禍是一小時前發生的，那時沒有路，車不聽指揮，眼看著撞上去；一回頭後面的人又撞上來。警察不光指揮交通、還幫忙推開扭成一串的車子。

我們終於搖搖晃晃開到游泳池，平安無事，只是遲到了，迎頭遇上昨天在複印館聊天的老太 Leonarde（Nadine），原說「明天見」的，也算見了；晨泳的夥伴很少缺席，真的是風雨無阻。

在各自的更衣間總能聽到一些隔牆對話，很幽默的：

「Robert 你看見那些工程架子嗎？」這是八十四歲的 Felix。

「那些老建築都要拆除的！」Robert。

「大概明年都不存在了」Felix。

「再過幾年咱們也不存在了！」Robert。

「咱們不急，慢慢來！」Felix。

丁字路口不見風車

泳池 Poseidon 門前

　　三年後的今天（080207）對話的二人都照常每天來會、大
雪無阻，正如 Felix 所言「咱們不急、慢慢來！」；三年前在門
口遇到的 Leonade、Ema 率領的四位老太和大部份常客都照舊；
缺席的也不少、女性多，男士中也有三五個；缺席的，有的是告
別人間，有的只是告別泳池；可也有新人加入，這也自然之理。
（2007/2/10重寫）

十七、七十六歲的生日
陽曆2007/1/28＝陰曆丙午年十二月初十

　　雲華每年不忘我陰曆的生日，其實這才是我真正的生日。上
星期新民來電話問我星期天有沒有事，能不能和他們一起去流浪

子吃中飯？我想鳳西星
期四回來，星期天吃飯
大概是接風之意。等她
回來告訴她這件事，她
一看日曆原來是我陰曆
的生日，而且正趕上和
陽曆同日。

　　中國人我們老一代的都有三個生日，出生都記陰曆，身份
證上就填這個日子，年輕人和一般朋友都按這個日子為你慶祝；
但這個日子與你的出生日期毫不相干；按陰曆不是這一天、換算
陽曆也不是。每年兩個女兒都在這天「祝你生日快樂」；外國友
人、什麼娛樂場合碰上也都這樣，你也只好接受。

　　我是生於庚午年十二月初十、屬馬。這一天陽曆是1931年1月
28日。今年陰曆的十二月初十正巧是陽曆的1月28日。既然這麼巧
合就熱鬧一點、把衣藍和婷也邀上，叫新民多破費點吧！

　　這一餐吃得很熱鬧，有相片為證。

十八、傅公二次演出030307

　　傅維新先生要回台定居，各界友好都為他餞行。一年前他和
鳳西聯合舉行的演唱會給他很大的鼓勵，這一年來加緊苦練、又
有很大的進境，演唱會對老師和學生都有激勵的作用，經過好友
們的協商、就安排了這次的
演出，仍在林老師家中舉
行。這一次有名票助陣：潘
懷文她以前是許多合唱團的
台柱、和鳳西也合作過、就
請她客串兩首。

　　這次的聽眾卻非常難得：蔣媽媽生病、已經很久不出門了，
她決定要來，三個女兒陪伴；吳逸荃教授回比國清理財務、帶
了他的新伴侶、更是難得；Rosa LIN也很有興致，座位有限
只好精打細算。星期三（28/2）踩排只有學生家長我和傅太太

二人，老師一絲不苟。錄下了
經過。

　　正式演出非常成功，傅公
唱外文歌多首，英文、意文、
西文、法文都非常地道。他常
提到當年學唱受我的鼓勵並曾

答應相陪，他今日的成就「與有功焉」！可是看到他的風采，叫我心中癢癢，人家八十多歲開始學唱，我何不也來試試！已經向林老師報名，希望明年四月能和他們同台演出。

十九、春節二三事　歲次丁亥

（一）祭祖辭歲 2007/02/17 星期六

　　每年春節祭祖、辭歲拜年、賭博熬夜，這是岳父郭將軍留給黃家的傳統。鳳西興致很濃、常和侄媳高雲華商量、二人合作、把春節辦得很熱鬧。今年她說麗梅帶男友法國醫生來參加、鳳西很高興、一心要把各方面弄得盡善盡美。她是主辦，我負責布置、清潔和雜務。把祭祖的牌位寫了又寫、對聯、福字、平安等吉祥喜帖掛滿。衣藍一家三口、婉婷這天打工但可提早下班趕來、很想看看麗梅的新對象。

　　鳳西的車子今天修好、我的老富豪今天處理，送給車行辦過戶手續，下午五點開我的車去，鳳西急著看她的車修的如何、再辦老爺車的過戶手續，又惦著家中的事，心裡著急。回到家立即與雲華通話、才知道麗梅來不成了、生病。我們也鬆一口氣。

　　媳婦劉艷打工不能來、新民夫婦帶了大勇和孫子凱文一家四口，衣藍三口，簡單多了。先祭祖辭歲、分壓歲錢，接著吃飯，雲華帶來很多餃子和菜，鳳西也準備的不少，又

是個豐盛的大年夜。小凱文兩歲了、活蹦亂跳、非常精明，餃子兩口一個，轉眼十幾個下肚；他是我們「求是齋」長孫的長孫，光宗耀祖就看他的了。

飯後衣藍趕著回去；新民他們第二天要趕去法國會親，給婷婷留下厭歲錢都急著散了。我們清理完善後，婷和李罡來到，磕頭、吃飯、也趕著回去了。今年的春節雷聲大雨點小。大年初一、星期天、照例一早去游泳，再去公園煉功；帶上錄影機錄下經過。回家看錄像，與兩年前的相比，差別不大，跳水還是那幾手，沒啥新招。

（二）台北代表處春宴 260207

台灣代表處每年有春宴招待僑胞，前天（26/2）在比京福華飯店舉行。我曾說過台灣的僑民一如島上的人民、各幫各派都有，目的不盡相同；但春宴豐盛，有請必到。風水輪流轉、目前的當權派是台灣人（早期來台的）他們的目標是「台灣國」。大陸人（49年和其後來的）希望維持現狀；還有兩邊跑的：中國大使館也去、台灣代表處也跑（腳踩兩隻船），這派人大多希望統一。世事多變、現在是台灣人主政，當晚的卡拉OK盡是台語歌曲，我雖不喜歡但能接受，人家坐莊嗎！

（三）一文錢賣掉老富豪

我的老富豪 VOLVO 740 GLE 1989年底服役、迄今十八年、夠老了；可是它老當益壯、跑得很好，尤其是近幾年來從未出過狀況（見拙文「歐洲大雪」）。兩個人養兩部車太浪費，而且它太耗油，勢必讓它從黃家退休。修車行老板阿里（ALI）老

朋友、一塊歐元賣給他，省了過戶手續，立刻把車牌繳銷。右圖老富豪停在門前還挺體面，誰知道它的身價只值一元；可也有好處，從來不鎖、沒人偷它。

　　回想這部車當年從法國北部 Lens 的總代理 Fuchard 那裏買來，老板為酬謝大客戶給了最大優惠、又送了音響和許多配件。這時生意頂盛、年富力強，開著它日行千里，常常一天跑幾個國家（比、荷、法、德最多）、會幾個對手，晚上有時住高速公路上的旅館，因為第二天還要在那一帶繼續工作。退休以後老富豪仍然不離左右，這幾年油價暴漲、叫人心疼，老伴終天報怨；想想也是，送給阿里算了；此人原籍土耳其，有一班阿拉伯朋友，他們家鄉不怕油貴，運過去還是寶貝，老富豪仍可以繼續奔馳。

二十、關於唱歌 230407

　　游泳的文章寫了許多，跳舞也寫過了，既然是一生的回憶、唱歌也該說上一說：我從小喜歡唱歌，上小學的時候學會了一些三十年代的流行歌曲，周旋的「拷紅」唱的最好，老娘喜歡聽，二表姐學會了終生不忘，前些年去曲阜看她，八十老太還能一氣唱下來；更老的歌像「夜半歌聲」、「秋水尹人」也都會唱。當年曲阜是日本佔領區，抗日的歌曲像「流亡三部曲」、「義勇軍進行曲」、都偷偷地學會。

　　抗戰勝利、抗日歌曲流行一陣之後、電影插曲紛紛出籠：周旋仍然很紅；白光的迷迷之音盛行一時而歷久不衰。內戰期間、

流亡學生時代我喜歡唱的有以下幾首：初戀女、夢中人、斷腸紅、星心相印、未識綺羅香、五月的風、一根扁擔圓溜溜等等；這些歌的歌詞很能舒發胸懷，試舉「初戀女」為例：

> 「我走遍了茫茫的天涯路、我望斷了遙遠的雲和樹。多少的往事堪重述，你呀你在何處？我忘不了你哀怨的眼睛、忘不了你沉默的情意……」

流亡的日子、戰火燎原，背著個小包到處為家，走在路上、睡在廟中，高歌一曲唱出心中的酸楚。

1949年以後兩岸三地各自發展，大陸上只有樣板、沒有自由流行歌曲；到台灣初期、社會上繼續流行內戰時期的歌，我在台灣的十八年中關於唱歌有許多堪可記述的事：

在宜蘭通校受訓時、有些課程重復高雄要塞電訓班學過的東西、感到厭煩，就在課桌上偷偷地學唱歌，當時「王昭君」一曲最流行，我自學讀譜、練會了「王昭君」。這首歌長而複雜、難度很高；但曲調婉轉多變、詞意雋詠，學得非常正宗，終生不忘。

進大學以後熱衷西洋流行歌曲，六十年代的舒情金曲在校園盛行，健言社的金丹旭用京劇老生的根底唱西洋歌曲非常入戲，那些曲子很能寄情，我也學會了幾首像：「I will be home」、「I can't stop loving you」等等。有一回和萊中老同學何友基相逢、他是淡江英文系的，我偶然哼出英文小調令他驚訝，他要我再唱幾首，更叫他羨慕不已。

鳳西自幼喜歡唱歌，參加比賽得過獎，也上過電視台演唱，流行歌曲無所不會，初到魯汶施光最欣賞她的「神秘女郎」；

魯汶同學會的合唱團由何釗源領軍，他的音樂素養很高、指揮有方，常在學生聚會中演出，以藝術歌曲和民謠為主，記得的有：「本事」、「遊子吟」、「鳳陽花鼓」、「願嫁漢家都」等等。遷居比京以後合唱團歷久不散，有幾位校友供獻最力：黃瑞玲（Dominique、陳長石夫人）是學鋼琴的、一家人都是音樂愛好者；陳德光（念了許多學位、音樂素養很高也會多種樂器）；陳三多（嘉義來的學科學、吉它彈得一級棒）；孫大川（台灣原住民阿眉族王子、天生一付好歌喉）。八十年代常在新魯汶錢教授家練唱，最成功的一次演出是應滑鐵盧市長之邀在該市大教堂登台。

到九十年代卡拉OK風行，我們樂在其中，台灣、大陸各地都有設備豪華的歌廳；這時我的汽車貿易方興未艾、經常有業務旅行、配合上探親訪舊、帶著老伴：去大陸從珠海到北京、濟南、河西走廊，再唱回香港、比京。台灣、美國鳳西那些同學好友不乏同好。比京家中早已安裝全套設備，鳳西從各地收購唱片，家中好友歡敘、餘興節目總是卡拉OK。

這時男女歌星人才輩出，流行的歌曲有很高的水平；許多歌星自己創作，有自己的班底；雖然不及美國紅星的氣勢，卻也走上那樣的路子。台灣的鄧麗君、劉德華、香港的張學友、葉倩文都很走紅。港台歌星到大陸演出備受歡迎。

九十年代末比京的福華飯店二樓設了卡拉OK，每天晚上眾歌友聚會，輪番登台：老板娘華姐是歌后、龍門的沈太太也是好手、邱寶蓮、李貽章、羅碧蘭、鍾盛光夫妻都是常客；管音樂的小孫、跑堂的小朱、以及大陸上來的幾位學人學生大都有很好的水平；叫一份飲料、泡一個晚上、十分愜意；有人覺得老板太吃

虧、建議他加價，張志剛說：「都是老朋友只要飯店賺錢，唱歌熱鬧、能維持就好了」。這種胸懷難怪他日後事業更發達。

大廳中唱歌要有耐心，不光是排號登台、而且要忍受噪音，有些年輕人扯破喉嚨鬼叫，最難忍受。我們兩口每星期總來幾次，那一帶停車不易，接罰單算小事、車被拖走、輪胎被戳破也不止一回；但那幾年福華唱歌也是一段甜蜜的往事。

徐開屏是文大校友、資深外交官、歌唱得非常好，尤其是英文歌、能唱出神韻。左圖是2004年在台北相遇、一起去西門町歌廳唱歌的一幕。

這時只顧唱、也想把歌唱好，下功夫練習，卻沒想過學習唱法，直到鳳西認識了林惠萍老師跟她正式學藝，那是四五年前的事了。她和姜秀荃（鄒明智夫人）一起學唱。惠萍是台灣來的科班出身、比京皇家音樂學院的高才生，年紀輕輕、造詣非凡、熱心教學。給她們基本訓練、從發聲開始，教她們氣運丹田用腹部唱，不用喉嚨；在秀荃的高樓公寓面對星空苦練兩三年，歌藝更上層樓；聲音更圓融、唱歌更持久、學歌更快速；開過兩次音樂會以後更加投入。

我雖也喜歡唱、但並未真正下過工夫，這幾年看她的變化、受她的鼓舞；尤其是看了傅公八十歲起步的例子；也來隨喜、反正閑來無事，就正式拜師學唱。進了門才發現這事可不簡單，悔之不及、只好苦撐吧！

附錄

宁阳县院中医科全体同志合影 1962·12·20·

一、什麼是羅生門

什麼是羅生門呢？根據網絡朋友汪季蘭的資料：

大家的片面瞭解，多半在於「各說各話」或「公說公有理」、「婆說婆有理」。其實，羅生門是日本導演黑澤明所拍的電影，改編自芥川龍之介的小說《竹林下》。

羅生門只是小說中被提及的一座破敗的城樓。小說裡寫道：荒蕪不堪的羅生門，被狐狸當成棲身之處。盜賊進駐羅生門，甚至有人會把沒人認領的死屍拋棄在這一座頹圮的城樓下。因此，夕陽西下後，人們都懼怕這一帶，沒人敢在城門附近走動……故事是在附近的竹林裡發生的。

黑澤明的電影裡有四個最主要的人物：強盜、武士、武士的老婆和樵夫。強盜想染指武士的美嬌娘，騙武士和他去尋找寶藏，把妻子擱在一旁，路上強盜將武士綁了起來，回頭強暴了他的妻子，還耀武揚威的把武士的妻子帶到武士面前，問可憐的女人：「妳要跟誰？」沒想到，武士竟想拋棄失貞的老婆，強盜一聽，覺得很沒意思，也不打算要這個女人了。

選擇性認知為利益

女人同時被兩個男人拋棄，覺得自己很沒面子，挑撥武士和強盜決鬥，兩人都怕得要命，劍法慘不忍睹，後來強盜一時僥倖，殺了武士。

有人死了，一夥相關人都被抓到衙門問話，同樣一件事情，四個人的說法都不一樣。強盜說，他見義勇為與武士比劍，才贏得美人芳心；妻子說自己是個貞潔烈婦，被強盜強暴後，企圖自殺；武士透過靈媒說，他是因為被妻子背叛，為了武士尊嚴壯烈

切腹自殺。連當鬼也沒說實話。唯一看清楚真相的樵夫，卻因偷了武士的短劍，不敢吐露真相，最後才在「羅生門」良心發現，將真相說出。

這部1950年拍攝的電影，十分轟動，也讓人們思考「為什麼同樣經歷一件事，每個人嘴裡說出來的事實卻都不一樣？此後「羅生門」就變成「各說各話」的代名詞。這各說各話之中，都蘊含了片面的真實，片面的謊言。每個人都會為了捍衛某些東西而說謊：為了面子、為了貪圖利益，片面選擇對自己有利的說法，這是心理學上所說的「選擇性認知」，也是人性中永遠不會消失的陰暗面。

二、大爺黃文麟

五院長支力田公有兩個兒子：長子彥臣有子文麟（我的大爺）；次子彥怡有子禧麟（我父親）。大爺文麟和父親禧麟是堂兄弟，兩個爺爺都去世早，大爺和父親都年青自立。兩家都在二十年代遷到曲阜避難。大爺學中醫，學針灸，他的啟蒙老師是石家集的名醫周玉吉。周先生是他的岳父也在曲阜避難；其時曲阜城人才薈萃，名醫尚有張大膽其人。大爺這一輩習醫者中，才高而專執的還有一人就是我的舅父崔會之。周玉吉是崔會之的親舅（我舅父的舅父）也是他啟蒙

的，崔氏不涉針灸，專研內科，做了長年的寧陽中醫院院長，活人無算。

大爺黃文麟在曲阜學針灸另有老師，他每天下午在小五府對面一棟房子做實習義診，許多人排號接受治療，我見過的；這個地方靠近一條小河邊上。

回添福莊後大爺已成為中醫和針灸的高手，為村人服務，不但義診還常貼補患者。解放後西醫的資源被封鎖，毛主席推廣中醫針灸，大爺成了地方上的救命恩人，許多運動都脫過去，文革時他已過世，但由於佔用了一口好棺木土葬、竟把屍骨扒出揚棄。

三、大叔黃德麟1905－1957

恩彤—師侃—開田—彥威—德麟—黃泰（守真堂）

德麟大叔是守真堂三爺爺（彥威）的長子、字公望，1905年5月12日生於故鄉添福莊、1957年7月23日卒於台灣高雄市。娶妻王氏，生一子黃泰。

二十年代前後地方上盜匪橫行、務本堂三爺爺、崇德堂三爺爺（書麟四叔之父）和我們這一支（求是齋、兩位祖父早卒只有單傳的伯父文麟和父親禧麟）、都逃進曲阜城裡避難。

大叔北京朝陽大學法律系畢業後（專門部法科1927—1931）接著就到山東省政府教育廳工作，廳長何思源；他做文案、編纂、秘書方面的工作。日本人打來他到地方軍區當參議，聯絡抗日游擊隊，代理寧陽縣長（1939）。

淑麟二姑輾轉到西北聯大讀書；書麟四叔參加共產黨去沂蒙山區打游擊；啟福大哥因愛國活動被日本特務抓去坐牢。當時我

小小心目中的大人物是大叔；英雄人物是四叔；同輩中最心儀的是小麟哥黃泰。

曲阜城孔孟桑梓之邦、是一個小資產階級的社會，日本人來到亂了一陣又漸漸恢復秩序。大叔家住五馬司街東頭，家中有三爺爺、三奶奶、二奶奶、三姑、二叔（惠麟）、小麟哥等人。

抗戰勝利大叔隨省政府復原到濟南，官職是教育廳主任秘書，何思源做省主席。國共內戰正式開幕，共軍佔領面、鄉村；國軍佔點、城市。家鄉解放了、清算鬥爭很可怕、地主紛紛逃命，大家都湧進濟南。

1945年冬我跟父兄逃到濟南去見大叔、這是第一次見面，他把我託付給打游擊時的好友武營長照管；同去的還有啟傑大哥和曲阜的孔祥績，他們二人比我稍長當了戰鬥兵，我做了營長的小勤務。在當時的景況下已經很難得了。

1948年秋共軍攻打濟南，守軍武化文兵變，只放了幾砲就解放了。大叔化妝逃出經青島到台灣；大嬸子走不開，小麟哥黃泰陪母親，就這樣永別了。我從學生宿舍冒著砲火逃出城，經過家鄉追上流亡學生的列車、一路到廣州二度當兵到台灣，不久就和大叔相遇，已經是1949年年底。

我在高雄要塞當學兵，大叔在高雄工業職業學校教國文。我和孫九哥（一道入伍、最早溜走）去看他，劫後重逢感慨萬千，此後的幾年每逢年節或假期有便去看望他，漸漸熟悉、建立了感情（在濟南很少接近）。

1956年的春節和九哥一道南下來團聚，九哥這幾年在紡織業混出點名堂、春風得意；我已是名牌大學的學生、兄弟兩挺體面，他也深以為慰。同事中相交最深的老友是毛儀庭老師、他是

濟南時期五臨中校長、帶學生逃難，他娶了他的學生、大叔常去他家喝酒聊天、作詩填詞；當年也有些詩作惜未收存。

1957年暑假忽接急電說「發現食道生瘤、要來台大醫院治療、安排接待」，立即和九哥作了準備；接著又告知「為了爭取時間已決定在高雄陸軍二總院動手術」。九哥帶上替他經管的錢又多帶了一倍、二人搭快車趕到醫院，他正接受手術前的各種準備。精神很平穩，說從過年以後就有時咽物不順、該早點檢查；又說每年夏天腳氣病發作流濃流水、今年忽然好了、怪事。

九哥生意忙留下錢趕著回去、我在病房侍候。兗州的蘇佩言先生老親加老友當時任職高雄市社會服務處也常來醫院相陪。這天進手術間我和蘇老伯守候在外，從上午九時進去、下午二時許主治大夫劉青嶂出來說「手術完畢、等候醒來，癌細胞已擴散、割除的很多，一切順利可以再活五年」。

我們等了幾個小時後來見醫務人員穿梭進出非常緊張、最後劉大夫出來告知「休克死亡」手術後未能醒來。遺體移到太平間，和蘇老伯商量後事：決定不追查責任、遺體火化、骨灰帶去台北舉行公祭、通知九哥速來。蘇先生回去，我在醫院過夜，這一夜我在日記上給黃泰哥寫了封信詳述經過；在我從台北趕來的那天也在日記上給他寫信、大叔看過的。

清理完宿舍裡的遺物、捧了骨灰搭火車到台北。寧陽同鄉、山東省政府同事許多人在月臺迎接。公祭是民政廳長彭國棟先生主祭，致祭的約二百人。參與籌備儀式的有苑覺非、張克強、梁希哲、蘇佩言、徐殿軍諸先生。

寧陽縣同鄉會的負責人張竹泉先生是大叔的世交、從濟南就管同鄉會的事、還辦過報、他在同時期也患食道癌，在台大醫

院動手術，事後我去看他，他說「如果你叔來台大治療就不至把命送了」。可是他不到半年再動第二次手術、三次開刀受盡了折磨，去世時人縮成小小的一團。幸與不幸究竟是誰呢？

四、奉叔父歸根記

德麟叔是1956年在高雄去世的。火化後我帶了他的骨灰到台北舉行公祭。之後骨灰就存放在台北近郊的圓通寺裏。此後在台灣的十年中、每逢祭日、節慶，經常與表哥孫衡到山上廟中祭奠。當時立下心願，但能重返老家一定要帶他歸葬故里！

1966年到比利時留學，不久即與故鄉中的父母取得聯絡，但直到十年以後（1977）才得重踏故土。翌年去台灣接叔父骨灰先到比國，供在家中頂樓上，不讓家人知曉。1979年與內人一同返鄉探母，帶著骨灰到北京，換裝一個精緻的漆盒，到了山東老家安頓好，就找大叔的獨子黃泰大哥到招待所見面。

泰哥在抗日戰爭時期原隨二姑遷往西南大後方讀書，因回應蔣委員長「一寸山河一寸血，十萬青年十萬軍」的號召、當了青年軍遠征緬甸，爲國立功。戰後復原分發山東大學就讀。國共內戰不休，1948年濟南易手，叔父時任山東省教育廳秘書，愴惶逃往青島轉來台灣；泰哥陪伴母親留在濟南。文革時發回原籍批鬥，母親懸樑自盡，妻子棄他別嫁，他自己受了苦刑。事後他被派在東莊糧庫當看守。這天晚上兄弟促膝長談，一夜未眠到天明。他的結論是：「咱們出身不好，只想做個順民叫幹什麼幹什麼就是了」。

這個大哥自幼是我心目中的英雄，生性豪爽，縱然落到今天的情景，仍能從他那悲涼的敍述中體味出一股豪放之氣，這一

切的遭遇似乎並未放在心上。他提著那個漆盒走了。看著他的背影，母親說：

「你千辛萬苦把大叔的骨灰帶回來，卻叫你大哥爲難」。

其實難不住他，他會把那個盒子埋在後院。他說過：

「爺爺奶奶原來都土葬在濟南，墳都不見了，咱老家的祖墳都扒了；人死一了百了，後人各盡心意、因地制宜」。

1985年暑假，我們帶兩個女兒回老家看奶奶，在招待所裏遇到美國回來的老同學張疏秀夫婦。他們二人都曾是台北的執業律師，爲了接濟在故鄉的寡母而移民美國，又費盡心力爲老母辦好移民手續，母親卻一病不起，他們趕回來見了一面就辦後事，火化後決定把骨灰帶去美國，說那裏墓地環境好，可以常去憑吊。疏秀兄是烈士遺孤，自幼喪父，母子相依爲命，戰亂分隔兩岸，對母親的繫念至深，把骨灰帶去美國，葬在自己的僑居之地便於祭奠和悼念，根不根就不足論了。

他鄉遇故知是人生快事；故鄉遇故知更加快意，這天我們聊到深夜。

回想五十年代對叔父立下的那顆心願，那一片愚忠，以及類似的種種執著，早已隨著漫長歲月的流逝和對人生的體驗變成過眼煙雲。

天地遼闊、青山處處，落葉滿天隨風而逝，何處是根？不必深究可也！

（2002/01/21中副）

五、歸根、不歸根——懷念張士良先生及夫人劉慧

張老太太的追思彌撒在比布賽爾一家天主教聖堂舉行、由韓廷光神父主持，中外親友到了三十多人，氣氛安祥靜謐，不禁令人回憶起這一雙老人的生平。

張先生過世七年了，張太太住在天津的公寓裡、有晚輩侍候；她照例每年夏天來歐洲住些時：看看親友、看看他們經營了一輩子的張家老店、享用一點習慣了的歐洲飲食……。前年（1998/7/25）她來時正趕上賈彥文主教也在這裡，我們邀集了魯汶舊友來家聚會，那天她興致很好、和大家親切地交流，想不到轉眼之間她也去了。

兩位老人都出身世家：張先生的父親是清末的武舉，他自己從小習武、家教森嚴。十七歲到巴黎念中學，大學畢業後回國工作；張太太的父親是文舉，她自己燕京大學畢業，哥哥是留學德國的光學專家，兩家門當戶對、在中國結婚，由於國共內戰，張

先生帶著妻子重返巴黎，再轉來比利時創辦了這家古玩禮品老店。

他們沒有兒女、但有不少至親晚輩環繞，到了晚年，決定回國養老，在原籍天津買了一棟公寓，

就這樣歸根了。每年夏天都回比國住一陣子，重溫一下歐洲的舊夢。張太太說：「在天津我們最大的享受就是去國際大廈的法國廳喝杯咖啡坐上一會」。

彌撒禮成、張先生夫婦走入了歷史，他們是極少歸根的落葉；但仍然念念不忘生活了大半輩子的僑居地。今天世界上每個角落都飛舞著黃色的落葉，有幾片歸了根？或者有一點歸根的意思？極少數的老僑民像張先生夫婦也回去養老；但絕大多數都是隨風飄蕩，得其所哉。這是個黃葉舞秋風的時代，雖在國內也是落葉遍地，沒有幾片有歸根之意。二十多年前返鄉探親、在上海的華僑飯店和山東老鄉大師傅聊天，我說：「離家三十年這是第一次回來」，他說：「我出來也三十年了，沒回去過，老人都沒了，孩子們在這裡出生長大，他們是上海人，回去幹啥！」我的叔父姑母都是老革命、定居北京、兒孫都成了道地的北京人，我每次千里迢迢從海外回鄉探親、從北京路過總要和他們一聚，聊聊家鄉的人和事、他們有興趣、叫他們回去看看不幹；台灣開放大陸探親形成熱潮，可是在國內的人對於老家卻不肖一顧。這是政治制度使然，庶民無罪，中國城鄉區分很嚴、差別很大，莫說叫他們歸根，回鄉養老、就是回去看看也會招來一些麻煩；可是在台灣、在外國不然，台灣人在城市、在外國發達了，老家還是老根、來不及回家探親訪舊，修墳置產；意大利人喜歡出外創業，美國的黑手黨，年老洗手不幹了、常跑回西西里島養老。德國有個城市賣冰淇淋的意大利人是南部一個鄉村來的，他們年輕時出來打工，年老退休一定回家養老。

再看看中國人過去對根的看法：林語堂在「吾土吾民」中說：「科舉制度的好處是公平競爭，把鄉村的人才送到京城、帶

去純樸清新的朝氣；他們到處為官積累了一生經驗以後「落葉歸根」、再把這些知識帶返故土[1]。

大陸人的不歸根是政治制度使然，台灣人和外國人歸根的例子是順理成章的習慣歸屬；還有另一種形式不屬於以上兩種：他們心中有根、念念不忘其根；而自願任意漂泊或定居某地、不作形式上的歸根者，這一類為數不少。

1979年我把叔父的骨灰從台灣帶回山東故鄉埋葬，在紀念文中曾這樣寫道：

「回想五十年代對叔父立下的心願、那一片愚忠，以及類似的執著，早已隨著歲月的流逝，以及對人生的體驗變成過去。」

「天地悠悠、青山處處，落葉滿地、隨風而去，何處是根？不必深究可也！」

初稿寫於 2000年

2007/2/5 重寫

六、黃泰父子墓301205

1979年夏天我和鳳西一同回鄉，帶著大叔的骨灰，在北京換裝一個精緻的漆盒，帶回寧陽。這時四人幫早已倒臺，政治氣氛寬鬆舒暢。再度與泰哥見面，兄弟徹夜暢談，他已獲得平反，又回到東莊糧所工作，有一棟寬敞的房舍，可是妻兒都已一去不返。他收養了一個義子，取名黃峰，也給他討了老婆，夫妻很能幹，接了他的班，也生了兒子。薪資下來一股腦交給兒子，他只

---

[1] 見拙著「汶南黃氏源流」第二章「黃恩彤的志業」

管種花養鳥，抽煙喝酒，帶孫子黃淦在莊頭散步。他見識高、文筆好、村子裡大小事都找他商量，晚景非常安逸。

2000年9月我再返鄉探訪故舊，大哥已過世年餘，我帶了他糧所的老同事、會玲的公婆朱大哥嫂同行。兩年前來時院子裡有花有鳥，如今花鳥不再，庭院變

成廠房，原來黃峰承包了一個麵粉工廠。我們乘坐黃峰的送貨車去墓地，山坡路很難走，開了半個多小時，到了一片墓地。中間修兩座墳墓，以兒孫黃峰的名義立的，碑文典雅。右首是德麟叔的、橫聯是「山高水長」；左首是黃泰大哥寫著「永言孝思」。背山、面對原野群羊，氣象甚好。這十多畝地是向政府買下來的，有字據。

黃峰有頭腦，承包的麵粉廠效益好，才辦了這些事。在安葬前的喪禮也辦的很隆重，他原來的兄弟們（領養前）都來披麻帶孝，黃恆姐弟也來參加了喪禮。修墳建墓在南方僑鄉不算大事，在我們家鄉這一帶還沒見過。

七、我的外祖母（周玉芳）1871/9/29－1949/4/3

小時候常走老娘家，在我成長過程中老娘家給我很大的影響。外祖父去世早、我沒見過，記憶中的外祖母是一個六十來歲、慈祥溫厚的老夫人。寧陽城北大伯集崔家是大戶、是積善人家，而這個大戶的家業就是老娘帶著家人創建的。日軍進關不久

他們也逃到曲阜避亂。我們替老娘家租了嚴家的後院，和我們家只隔一條街。

老娘有兩男兩女，依次是大舅、大姨、二舅和我母親。大舅忠厚正直、勇於任事，主持一家大計，他有一男二女；可惜中年喪妻。大姨嫁到荷澤縣張家，姨夫張巨川西北軍出身，相貌魁梧英俊，見聞廣博，卻常在老娘家住閑。二舅是有名的中醫，睿智而厚道，有兩女兩男。

老娘很有智慧和尊嚴，兒孫都孝順。親友們把這一家比做紅樓夢上的榮國府。老娘就像賈老夫人。我還記得在老娘家看過的一個場景：老娘生氣了，全家人都跪滿了一地。

這一大家人在兵荒馬亂中逃到曲阜，大舅竟因操勞過度、天熱急躁、得了傷寒急症而死，真是天降大禍，幸而大表哥崔怡同，很有膽識，表嫂賢淑通達，主持他們這一支；但這期間也有喜事，就是二舅家大表弟怡方的出世；二妗子是續弦，前面有三表姐，妗子先生了九妹再生大表弟怡方；不久回了大伯老家又生二表弟怡矩，在崔家立了大功。

1944年我在縣中讀初一，大伯家離縣城十二里、常去老娘家過週末假日，有吃有玩。一個重要的娛樂節目是圍著老娘聽說書：表姐妹輪班說，說得最好的應屬我姐姐玉娟；她雖然年紀最小，但吐字清晰、不緩不急、抑場頓挫，恰到好處，最得老娘的歡心。印象最深的書是紅樓夢、鏡花緣，兒女英雄傳、聊齋誌也反覆講述。二舅收藏好的版本，紅樓夢和聊齋誌都有繪本的。

啟福大哥坐了日本特務的四年大牢，獲釋出獄後和大嫂雙雙來看望老娘；原來他們和老娘家還有另一層親戚，老娘的親哥

哥、石家集的周舅爺爺是他們的親外公、我母親和大娘是親姑表姐妹。

啟福大哥拉得一手好胡琴，大嫂唱青衣、花旦都拿手。他們住了幾天，晚飯後大家圍著老娘聽京戲，氣氛熱鬧，留下深刻的記憶。

我比較更熱衷戶外的喜戲：帶狗去獵兔子、騎驢子奔跑之類。大表哥養了兩頭奚狗、一黑一白，細細長長，非常漂亮，在田野間跑起來像黑白兩條直線，只要發現了兔子，沒得逃。

大舅這一支由大表哥支掌，和二舅一支輪流供養老娘和整個大家庭、包括各路來的賓客。每半月一輪；廚師和長工是公用的，廚子廣如手藝很好，除了一般的地方名菜之外，我最欣賞他的拔絲山藥、一品鍋等甜食，再就是紅燒雞的雞頭；有一年老娘過壽日（陰曆九月二十九），我因考試不克參加，等到週末來時，妗子給我留下一沙鍋雞頭。

1945年9月寧陽縣城解放了，添福莊已經開始清算鬥爭地主，我在老娘家避難，二舅送我進私塾讀書。劉老師是中藥舖的大夫，國學精湛，他說洋學堂來的學生，我用新教材、新教法；我教你念戰國策，要背誦後開講，你可得下功夫。

他教我的第一篇文章是「孤竹仲子論」（這篇文章我以後沒再見過）。戰國時代有一個叫孤竹的小國，國王年邁有三個兒子：伯夷、仲子、叔齊。伯夷是長子照理應繼承王位；可是叔齊最有才識，父親有意傳位於他。結果二人推讓雙雙逃走。仲子只好出來主持國政。戰國時代崇尚批評，各方面對仲子褒貶不一。文章從各種角度立論，各抒所見；文字簡潔、條理清晰，非常有趣。

　　第一篇文章引起我莫大的興趣，我反覆背誦、滾瓜爛熟。老師非常高興，接著教我第二篇「鄭伯克段于鄢」。這篇文章非常生澀，敘述的故事也是人心險詐、鉤心鬥角。鄭國的國君鄭武公，娶妻姜氏，生二子；老大莊公生時難產，從小受歧視；母親偏愛老二共叔段，曾企圖讓老二繼承不果，莊公終於襲爵，他掌權後故意縱容母親和弟弟作亂，最後乘機剪除。這篇文章的題目就含有譏諷之意：鄭伯就不是尊稱，克段于鄢即剪除親弟于鄢地。讀通此文細想其中情節，漸悟人性之複雜險惡。

　　接著念「蘇秦以連橫說秦」、「鄒忌諷齊王納諫」、「顏斶說齊王」、「馮煖客孟嘗君」、「魯仲連義不帝秦」……。我每天上午去見老師報告心得和疑問，接受新課；下午就回家研讀。在老娘家前院天井、繞圈朗誦，一遍又一遍，必至滾瓜爛熟、倒背如流。

　　戰國策的文筆簡潔、樸實有力；內容雄辯機智；敘事有時是忠義信守，有時是奸詐陰險，而結果又常出人意表，令人拍案驚奇。我讀過了武俠世界、讀過了聊齋志、紅樓夢，再讀戰國策的文章，如啜甘泉、品味無窮；終日搖頭晃腦，口中念念有詞。

　　有一天老娘問我：「小三你嘴裡叨叨什麼？」

　　我說背誦戰國策的文章，她叫我說說內容。我選了「蘇秦以連橫說秦」那篇，仿效姐姐們說聊齋的招式，從蘇秦帶了金銀財寶去說秦王開講：

　　「話說戰國時代群雄併起，秦國的國勢最盛，蘇秦跑去見秦惠王、勸他併諸侯吞天下、稱帝而治。他寫了洋洋灑灑的十大篇文章；嘴唇也說破了，人家就是不聽他那一套。「黑貂之裘敝，黃金百斤盡，資用乏絕去秦而歸」。自己擔著書箱行囊，灰頭土

臉，好不窩囊。回到家中，妻不下紝，嫂不為炊，父母不與言。蘇秦躲在牆角發牢騷說：「妻不以我為夫，嫂不以我為叔，父母不以我為子，是皆秦之罪也。」都是秦惠王這傢夥害的！

當夜遍翻藏書，找到太公的兵法一套，伏而誦之，反覆揣摩，讀累了打瞌睡就拿錐子自刺其股、血流至足⋯⋯。一年後自己覺得成熟了，先去說趙王，抵掌而談，趙王高興極了，封他為武安君、授相印。他勸六國聯合以禦強秦。這時他的聲望達於頂峰，天下之大皆欲決於蘇秦之策。他去說楚王路過洛陽家鄉，父母清宮除道、張樂設飲，郊迎三十里；妻側目而視、側耳而聽；嫂蛇行匍伏四拜自跪而謝。蘇秦問她：「嫂何前倨而後卑也？」她回說：「以季子位尊而多金。」

蘇秦感嘆：「人生世上、勢位富厚蓋可以忽乎哉！」

老娘聽了非常高興，把她細嫩的小手伸到我脊背上抓抓說：「我看就這一塊雲彩有雨」。

那一段日子我大約每一兩天讀一文，戰國策之後讀兩漢魏晉的、唐宋的，到了年底我熟讀了五十多篇古文，誠如劉老師所說「終生受用不盡」。1955年參加台灣五院校聯合入學考試，國文題目是「預則立，不預則廢[2]」。我寫來得心應手，發揮的淋漓盡致，國文拿了八十多分，成為第一志願的老本。

不久我就跟父親逃到濟南，三年以後（1948）濟南城陷，我已經十七歲，決定繼續南逃；先回到家中辭別父母，再去老娘家辭行。這期間大舅家的大表姐嫁給大爺家的啟祥二哥，且因難產去世不久，啟祥此時正住在老娘家、他是來岳家逃避清算鬥爭的，可是大表姐的去世還瞞著老娘，她已是風燭殘年，加上戰亂

---

[2]　中庸第二十章 哀公問政篇：「凡事預則立、不預則廢」

的顛簸與煩心，家人都為她的健康擔心。啟祥思念亡妻，終日哭泣酗酒，情況十分尷尬；我趁他清醒的時候和他深談，分析目前的情勢，用的是蘇秦說六國的模式，最後他決定參軍投共，長工董四送他遠行，我送他到莊頭；他走後不久、也是董四送我到濟寧轉去徐州，從此踏上了不歸之路。

到了次年（1949）春、寧陽縣基本上全面解放，村子裡已組織農會、就要展開鬥爭，老娘幾經大亂，看透了人生世勢，不願再繼續苟活；害了感冒、拒絕服藥，轉為肺炎，痛苦異常，但堅決拒絕醫治；舅父和大表哥端著藥碗跪在床前，終不能勸她服下，直至嚥氣，那年七十八歲。

三十年後我第一次回鄉探親、老娘家老人凋謝、大表哥嫂也已作古，但妗子和表姐弟妹大都熬了過來；此後我經常返鄉探親，又重續了二十多年的舊情，直到寫這篇回憶還能借助兩個表弟的材料補充[3]，真是三生有幸。

回想老娘一介鄉村老婦，沒讀過經史子集；而待人之厚、處事之明、行事之果決，在我一生經歷的中外人士中，實屬少見。

八、林攀龍校長百年冥壽（1900—1983）

2001年12月中旬重訪母校萊園中學，適逢故校長林攀龍百年誕辰冥壽，學校辦了一系列活動，並得目睹許多文獻和珍藏。茲就手邊文件略述林氏父子之生平如下：

林獻堂（1880—1956）是日據時代念念不忘故國的第一人。他才氣縱橫，詩文與書法俱佳；精通日文、子女均在日本受基礎

---

[3]　見崔怡矩「大伯崔氏家傳」

教育，在日本的人脈極盛。他一生組織了許多文化、政治、經濟的活動來激發台灣人的民族意識、抵制日本人的殖民政策。他請名師從小為子女講授漢文、四書五經；聯合士紳創建學校、成立文化協會，出版刊物、推動台灣議會之設置；在日本聯合台灣留學生成立「啟發會」、「新民會」，出版「台灣青年」；清末維新變法，林獻常支援康、梁，1911年梁啟超應邀來霧峰作十日遊，住萊園「五桂樓」留下許多詩文。台灣光復不久發生二二八事件，林獻堂與國民黨決裂，亡命日本以終。

林攀龍（1900－1983）自幼隨鹿港名儒施家本習漢文、熟讀四書五經。十歲與弟猶龍隨父往東京求學，十九歲高中畢業考入熊本高校，參與台灣留日學生自發運動，發起「台灣議會設置請願」，創辦「台灣青年」月刊。五高畢業考入東京帝大法學部政治科，1925年帝大畢業轉赴英國人牛津大學攻讀宗教哲學。

1928年牛津大學畢業返台與父母家人團聚，襄助父親爭取台灣人權益，成立「台灣民眾黨」，向日內瓦國際聯盟總部控告日本准許台人吸食鴉片。父子為接待國聯調查委員主談者。1930年再赴歐洲留學，先在巴黎大學，後轉德國慕尼黑大學，主修哲學、文學。1932年自德返回故鄉霧峰，成立「一新會」為鄉梓做基礎工作。1935年與曾珠如（1915－1979）結婚。

1953－1955年筆者就讀萊中之時，每天朝會都聽到林校長用台語訓話，多半是為學做人和日常生活問題；那時他的「人生隨筆」初版已發行。印象中他是一位學貫中西、不苟言笑的學者。在校期間受過他多次頒獎，有過短暫的交談；到台北讀書不久，林校長也長住台北主持明台保險公司，萊中校友會每次聚餐校長多半出席。

九、鬼使神差170203

汽車貿易是1980年春季開始的。第一張訂單六部雷諾跑車 Renault Fugo 是台北汽車貿易商盧先生下的。在魯汶讀書時期有位同學好友王虎夫婦，1970初由老魯汶遷居布魯賽爾、兩家合租一棟樓房。他有位胞弟王琦曾來比國作短期研究，回台後從事汽車貿易；這時他們兄弟都移民加拿大，王琦在溫哥華向台灣出車，有人要買法國的雷諾，他就推薦我去試試。

法國雷諾在比國有合成工廠，車價和手續都比在法國有利，我與盧先生接頭後他很快敲定這六台車探路；第一筆訂金（Downpayment）十八萬比郎電匯（T/T Telegraphic Transfer）過來，把車子訂好，言明六個星期可以裝運。

當時的貿易習慣是做安打的（Undervalu）信用狀只開80%或者更低，不足之款一部分先付作訂貨之用，餘款在裝船前付清。這種生意必須雙方有十足的信用、機動的配合才行。汽車的價值高、配件複雜、訂好的車要等候製造出廠，往往要兩三個月；台灣的配件屬於熱帶規格又有特別時尚，一旦訂了不要，在當地買不出去，這個生意有許多風險。

為了小心接到信用狀我就飛去溫哥華請教王琦，他詳細解說了各種手續和訣竅、以及應注意的風險。回來繼續收集資料、反覆研究。這期間又做成一筆六部德國寶馬 BMW 520IA 另一家公司訂的。

雷諾的車準時到車行，盧先生的尾款已付清，船早已訂好，車行負責運到安特衛埠碼頭裝船；開船後拿到提單（B／L）連同

作好的其他文件拿去銀行押匯，銀行審查無誤付款結案，非常順利。

這時台灣的經濟剛踏上繁榮興盛的時期，汽車進口生意剛才擡頭。民間購買力強，汽車生意漸趨暢旺，我是比利時第一家供應商，訂單源源而來。信用狀的金額很高，加上電匯進來的金額除了付車行的貨款和各種費用就是我的盈餘，非常可觀。可是信用狀要等車子裝運離岸、一切手續完備才能付現，而車行要先付清車價才能裝運，這中間要有兩星期以上的貼現期間，這些環節、包括內陸運轉、陸上保險等等都一步步形成一套作業程式，到1983年春「黃氏汽車貿易公司」成立之時已經相當規律。

第一年做了四十多部法國和德國高檔車，之後連年增加。1983年瑞典車富豪 VOLVO 740GLA 在台灣走紅，富豪在比國裝配，由比利時出貨仍占地利；不過中國人在歐洲向台灣供車的已經遍地皆是，比國就冒出許多家。其中有一位魯汶出身的後起之秀，一年賣出上千部汽車。

1983年五月盧先生有六部 VOLVO740GLA 要裝運，可他的尾款三萬美元遲遲未到，急電催促他只請求先把車裝運，錢會盡速匯來。這是個關鍵時刻，車子運走三萬美元有丟掉的危險，不給他裝運是理所當然，可以等他付清款項再發貨，可是在實際作業上有很多困擾：車行的壓力很大，信用狀不能押匯卡住最大款額。我想他財務上發生困難，也許這六台車可以給他紓困；我進這一行是他引導，這三萬元就算付他學費吧！學費付了，他人也消失了，我追到台灣白碰了些釘子。

1986年德國寶馬推出 BMW 520 新系列，其中 520IA 最受台灣歡迎，總代理配額有限供不應求；進口商紛紛從德國進車到台

灣，但德國裝備沒有原裝冷氣，加裝冷氣遇到困難。我想南歐洲的車子應該有原裝冷氣，立刻跑到馬德里去找西班牙寶馬的寶總代理。西班牙的銷路不好，一拍即合，訂下一百部 BMW 520IA。按月分批出貨，每出一批把訂金轉訂下一批車。西班牙總代理的配額已飽和，許多同行找來碰壁，只好另尋貨源。車子由巴沙隆那直運台灣，成本低裝備好，台灣的進口商紛紛找上門來。

盧先生忽然來電懇求給他幾部 BMW 520IA，答應原來三萬美元欠款可在訂貨中分批償還。我收到他五萬美元訂金，分給他六台車。到出貨的時候他的尾款又遲遲不來，幾次電催他仍是央求先裝運、尾款少不了；這次我早有準備，而且這個車種非常搶手，立即地把他的訂車轉給別人。

尾款不清違反合約是沒收訂金的正當理由；再說多年前他欠的三萬美元利息也不止兩萬，這五萬元送上門來本可就此結帳，但仍念他當年引導之德，把他的五萬訂金扣下早年欠款，退還兩萬，仁至義盡。

1988年4月我去台灣拜訪客戶，大女兒衣玄正在台大讀書，我把盧先生的故事講給她聽，說「鬼使神差」叫他把欠款送上門來。後來與比國同行談起，原來盧君曾用同樣手法使多人上當。

1989年台灣的汽車貿易達到頂峰，我只守往幾位老客戶穩紮穩打，不敢隨便接單，更不敢輕易下訂；其後競爭日趨激烈，非常慶幸自己能全身而退。

台灣人做生意喜歡磨價錢，用盡各種辦法把價錢殺到最低；而我的理念是大家都有利，不會也不願讓對方心有不甘。一筆生意做成把所有促成其事的人都想到，第一年付出傭金（commission）一萬多美元，自己所剩無幾；西班牙的寶馬車多

廝一位好友居間，每一部車為他保留一份，到年終分紅他喜出望外。

十、冬冬亨利 Henri Dumoulin 301004

和杜牧蘭 Dumoulin 家相交三十年，從衣玄三歲開始，到衣藍做了尹沙貝兒 Isabelle 孩子的代母（Marraine），已經是三代之交。亨利杜牧蘭 Henri Dumoulin 是衣藍的代父（Parrain），孩子們都叫他冬冬 Tonton（伯叔之意）。亨利喜歡幫人忙，常給人搭便車，甚至把路人帶回家來，每年聖誕節期間他扮演聖誕老人，到學校去分禮物。聖誕老人化妝後再沒有本來面目，可是有一年他在學校裡抱起衣藍（不到兩歲）給她禮物，衣藍回家說「聖誕老人是冬冬」，把他嚇壞了，此後不再扮演聖誕老人。

亨利是做印刷生意的，在一家印刷公司（Innocrema）跑外，他除了享有一般職員的待遇，公司給他一部好車，並在拉來的生意中提取佣金；公司的錢進公司戶頭沒問題，他的佣金包括替國家代收的25%稅款，先進入他的帳戶，他要按時（一年四季）把國家稅金交還。錢來了一大筆、樂不可支，他常常先花了，到繳稅的時候拿不出來，到處告急。

1974年初，一天他帶了夫妻兩人簽字經過銀行認證的借據 Traite、來到我們家借錢，說法院的傳票來了，必須幫忙，他願意出高利救命，三個月為期，到時不還可以拿借據去銀行對現。我們欠他們很多人情，尤其是他太太愛麗 Elly 照顧我們兩個女兒無微不至，這個忙得幫；我們打工存了十五萬比郎（約合五千美元），是準備起步做生意的，就一股腦給他拿去。

　　三個月到期，他沒還錢，卻給了優厚的利息，到年底我們租好房子要裝修開店，他仍然還不上錢，玫瑰餐廳開張之日他來捧場，帶了家人、吃最好的菜、喝最好的酒。此後常帶朋友來捧場，就是不還欠款。

　　歐洲人不喜歡喝一杯的很少，亨利也常喝得醉醺醺的，酒後駕車出過事，頭上縫了許多針。車禍以後人變得更不穩重，最麻煩的是他的債務像滾雪球越滾越大，沾邊的都借了錢，最大的一個債主是家庭醫生德高士特 Dr. Decoster 三十萬。

　　忽然一家人都學起英文來，有逃亡美國的企圖，德高士特醫生寫信給區政府不許他出境。一天他抱了一套舊書來看孩子，他說：「冬冬再沒有什麼東西可以送你們了，這是一套絕版的文學書、你們好好地收著」說著竟泣不成聲。

　　過不幾天他破產了，房子查封了。法院宣判才知道他的債務之大出人意料，鄉下有兩個老人的兩棟房子都給他變賣了。破產以後他反而清靜，沒有債主上門了。太太愛麗申請到社會救濟的房子，他每天牽著小狗晃來晃去。

　　德高士特醫生病得很嚴重，肝癌，平躺在病床上翻身都不能。他們夫妻感情很好，也很會享受人生：早年孩子小他們買一部旅行拖車，一家人可以住在車上，許多景點都有旅行車的特別站、有各種方便設備，假期到處旅行，上了年紀孩子也大了、就把旅行車固定在比國海邊，兩人常去車上度周末；喜歡喝法國酒、自己酒庫存了很多好酒。他是個非常敬業的醫生，工作辛苦，晚上完工夫婦常來玫瑰餐廳吃晚飯，他是我們的醫生也是我們飯店的好客人，最要緊的是好朋友，通家之誼。如今病到這個地步，是不宜探訪的，可是亨利去了，他坐在他床前看著這個事

業成功、家財萬貫的債主，挺在那裏等他的末日，他是什麼心情呢？耗子哭貓來了。

每天晚上亨利拿著望遠鏡觀察天象，說世界末日快到了。原來他參加了一個教派，專講世界末日的。有一天他收拾了隨身衣物離家出走，沒再回來。他走得不遠，幾里之遙，和他的一個女教友同居了。

愛麗是學護理的，自己又生了那麼多孩子，有豐富的育嬰經驗，她就在住處辦了個托兒所，光自己孫兒輩的已經好幾個，其他老關係多的是，她的信用好，一般排不上號。一天忽然接到亨利的電話，要求把她的贍養費轉給他的同居人，因為後者是聖瑪利亞轉世、所有的人都該愛她，她的孩子是殘障，需要救助。

他的小女兒尹沙貝兒和二女兒的大兒子米契爾 Michael 常想到小時候冬冬的好處、都去找過他，他不認他們、不開門。

從頭來看亨利杜牧蘭這個人，開始是一個慈祥的父親、五個兒女都是他的心肝寶貝，他又樂於助人、慈善人士，道貌岸然；有好的工作，卻總是寅吃卯糧，永遠陷入債務的深淵不能自拔，他用高利貸為餌，誘人上鉤；到了走頭無路就想逃，人世間無處逃，就想逃亡天國，自己過不下去就希望世界毀滅。

十一、夢迴水城281102

1977年第一次返鄉探親曾在濟南停留，第一件事便是尋訪我三十年前就讀的學校——位於十二馬路道德北街的省立濟南第二臨中。我找到了，變成衛生學校。校門和格局大體如舊；我也找到當年的宿舍，在大馬路另一邊、原來是日據時代的一個工廠，現在改建為濟南第六十三中學。

　　自從第一次返鄉探親之後，幾乎每年都回來，訪遍了故舊、重敘了舊情，唯獨繫念最深的二臨中的良師益友竟一個也未能找著。同班中交情最好的有趙光雲、張樂庭、顧通懿、趙塵、管遵恭、張文煥、周書麟、蕭××（齊河人）、黃××（膠東黃縣人），還有一個小天津姓名全忘了；女生有柏光珍、陳秀環、管遵鶴，班上排過話劇，柏光珍當主角。

　　濟南解放（1948年農曆8月15日）後，趙光雲考取北京外語學院，流亡中與他通過信；張樂庭原來是杭州林家的兒子寄養在張家，濟南解放不久、林家父母把他認領歸宗，我在湖南流亡學校和他取得過聯繫。

　　老師中教數學的劉老師也是我們的級任導師給我們打下深厚的基礎，尤其是小代數，使我在日後的求學路上受益無窮。國文老師管先生、上海暨南大學畢業，也給我留下很深的記憶。

　　我在鄉村念過私塾、背過許多戰國策和史記上的文章，國文程度相當不錯，可是作文總不如趙塵，他的作文常在課堂上宣讀；他家學淵源、風度翩翩、舉止斯文。高班一位女生在晚會上獨唱「夢中人」令我心醉，她很像我青梅竹馬的戀人，我苦練這首歌，至今不忘。

　　體育課發生過一樁不幸事件，老師被鐵餅擊中眉頭，終身殘廢。另一位教體育的籃球好手、也是管宿舍的翟國安老師，濟南解放後他帶學生逃亡江南、到台灣後去深山修煉不與世人往來；同班張文煥也到了台灣，他在澎湖當兵時通過信，出國後失去聯絡。

　　人生如白馬過隙，定居海外轉眼三十餘年，往事如煙，嫋嫋不散；午夜夢迴猶聞潺潺流水之聲。

十二、我的少年情結281101

我的少年時代顛沛流離，度過許多陰冷的歲月；但每於山窮水盡的關鍵時刻常有大人拉上一把，得以轉危爲安、柳暗花明、又獲一村。於是到自己長大成人，常想著拉人一把，讓人家也有一個充分發展的機會。

1975年在比利時剛才安定，就辦好妻妹郭竹君的留學手續，她成爲我接來比國讀書的第一人。1977年冬離家三十年後第一次回老家探母，激情過後、家人圍著母親團敘，兩個哥哥早已在大躍進的紅旗下送命，嫂們帶著孩子在農村辛苦過活，我當即表示要爲侄兒們尋求出路。

侄輩中第一個1980年接出來的是大哥家的新民。他已成家，我用合夥的名義、辦他一家四口先後來比發展。第二個1983年接來的是弟弟的兒子覺民，弟弟一家奉老養母，我接他的孩子出來念書，不僅是酬勞，也是提拔一個少年讀書。第三個1990年接出來的是妹妹的獨子朱永忠。永忠當年在國內電機系畢業，出國前結婚、來到不久也接愛人出來、一起在 VUB 大學拿了電腦學位，去了加拿大創業。

除上述幾人，在此期間還曾爲多人辦理來比留學手續。最可惜的是台灣孫衡表哥的長女孫瀅，連她的臥室都準備好，她卻因國內手續不妥未能成行；辦過手續而未完成轉去別處的有：北京叔麟四叔家的秋來弟，去了日本；北京郭四叔家的怡慈妹，去了美國，……。

台灣同學朋友的孩子來比利時念書沒有經濟問題，但手續一樣麻煩，來到後也須照顧。有個好友的兒子來念中學，爲他找好

學校和宿舍，周末常常來家，幾年後畢業回去、進台大會計系，做了法國 BPN 銀行的經理。此外還有幾個朋友的孩子父母不再經常和我聯繫。

　　母親常說：你惹這些麻煩，也不嫌煩，自己大把年紀也該省點心了！

　　母親和弟弟都相繼過世，自己年逾古稀而對少年人的關注未曾稍息。2000年九月為了重整家譜遍訪家鄉故舊，目睹農村子弟讀書和出路的不公情況，立下心願還要提拔幾個青少年讀書。

　　二哥家雖然安排了傑民和昌雷的工作，還沒提拔一個孩子出國。傑民的女兒婉婷，聰明靈巧，自幼讀書很好，多次觀察，認為值得培植，就決定接她出來，這又是一番心血。

十三、高雄尋舊記 2005/01/19

緣起——

　　1953年冬我獲准退役，走出軍營孑然一身，雖然希望再上學念書，可是只有初中程度，從何念起？通信兵學校的同班好友潘家菊在防空單位做電台台長，駐防高雄鼓山亭一座小廟裡。我去看他，他邀我到廟中暫住：「廟中有空房，搭我們的伙食，廟裡住持一定認為你是電台人員；對電台的上司你是廟裡的老佰姓。」我欣然接受，慶幸有了寄身之地。

　　接著就去工業職校看大叔，告訴他我的情況和計劃。我的學歷只有初中肄業，我要用最快速的方式進大學；大叔有個抗戰時期的朋友李升如，泰安縣人，山東大學英文系畢業，在台中縣霧

峰鄉私立萊園中學教英
文。私立學校好通融，
請李老師介紹我去插班
讀高中二年級下學期，
第二年參加大學聯考。

這時1953年11月離
開學還有兩個多月。英
文我在軍中每天聽空中教學，不斷自修，心想跟班應該沒問題；
數學高二下大代數已講了一半，要把前面的補上。我去書店買一
本范氏大代數和一本題解來自修。每天在木魚青燈下苦幹；感念
濟南二臨中劉老師初中小代數給我們打下厚實的基礎，大代數的
前半部自學的進度很快。

電台台長之外有兩個報務員和幾個通訊兵，都是年輕同行，
伙食很可口。晚飯後經常在附近的夜市散步。整天在廟堂裡苦
修，晚上總該活動活動。鼓山夜市很熱鬧，有各種本地小吃，最
難忘的是台灣粽子，包的是炸過的五花肉和花生米，用台灣傳
統做法，別處不易吃到。

叫花子牽狗玩心不退，那時乒乓球盛行，附近有幾家球館，
計分小姐叫乒乓西施，規矩是打輸的付錢，打贏的白玩；我從
濟南初中就是班級選手，在軍中也不斷苦練，來這裡打球常常白
玩。夜市散步吃點宵夜，打幾盤球，回廟休息，明天再幹。舊曆
年過後不久我就辭別電台好友、到萊園中學插班去了，第二年的
聯考進了台大。

尋舊——

　　鼓山亭的兩個半月是我一生中的關鍵，怎能忘懷？屢屢托人打聽，不得要領。每次返台去高雄也問不出所以。半個世紀年代久遠，滄海桑田，當年的小城市已變成現代化都市，如何能找到當年的陳跡？年前的台港之旅在台灣停留兩月，又承好友王素玲多方查考，終於找到了這座廟堂。

　　印象中好像在旗津區，頭一天先去了旗津，早年去旗津只有渡船，現在有地下隧道，文聲開車很快就過海了。看了好幾個廟宇都不是；晚上回去素玲在網路上查到，第二天就找到這個故地。這個當年的破廟現在變得金璧輝煌。大體上建築格式沒變，我們當時住西配房，正殿一角辦公（收發電報），東配房就是我苦修的殿堂，到此時才知道原來是「文昌殿」，文昌大帝主管人間的考試晉升，現在這個殿堂最為富麗堂皇，由於目前的莘莘學子奉獻香火以求得到文昌帝君的照顧；可是誰能料到五十年前我誤打誤撞竟跑到他老人家足下苦讀，當然會受了他的恩寵。上圖圓門後面才是殿堂，就是當年灰壁蛛網我的書房。

　　據網路上的介紹如下：「鼓山亭位於苓雅市場北邊，廟前寬廣，廟宇宏偉、雕樑畫棟、古色古香。廟內供奉主神保生大帝、天醫下大帝及感天大帝三位真人，生前皆以醫術、醫德名揚天下，為萬世敬仰」云云。

十四、幾封很有深意的家信

　　母親心思細敏，鄉村老婦也有她的見地；她用形容景況的通俗詞語又恰好說中了要義。比如說：「曲阜孫傑也好，五哥的大女婿也好，他們死後政府對遺屬照顧得很周到，二姐和他小孫女每月都領撫恤金，（二姐夫有退休金，媳婦上班有工資），趙家兩個大外甥安排了工作，小的有撫恤金，經濟收入上和他本人在職時不相上下」，觸景生情，母親回憶起兩位兄長病故時的悲慘景遇，兩個嫂嫂都三十多歲，守著三四個不懂事的孩子，精神上的痛苦折磨，生活上的貧困斷炊，找借無門，真是呼天不應，叫地不靈。

　　四弟來信說：「那時父母也以年逾花甲，老年喪子，咱兄弟姐妹七個接連就去了他們四個，還有你十幾年杳無音信，成為包袱壓得我和妹妹還不敢回家安慰親人。母親每言及往事還是記憶猶新，老淚縱橫。那樣的人間悲劇真不知怎麼熬過來的；看看現在，想想過去，真不可同日而語」，母親常說：「這像是又一輩子的事」。

　　志鵬：

　　　　元月十二號同時收到你十二月二十七和除夕的兩封，拆信後你弟弟先後念了您爺三的五封信，我心理寰是高興，一則是家裏外頭老少平安，我這麼大病已經好了，另外你老少四輩十來口人也過的熱烘烘，很有生氣，二則小民走後一切順利，現在除了上了正式學校和夜校外，你還給他聘了家庭教師，補習法語，對這個姪兒你這當大爺大娘的也算操到了心，就看他自己的造化啦，我已吩咐你弟弟告訴小民千萬要好自為之，奮勉努力，切莫辜負了長輩對他的撫育和期望，你四弟、弟媳知道你夫婦對小民安排的這麼妥帖，也非常放心和感激。

元旦前接到了那許多照片，老師們每人一張，皆大歡喜，咱家裏照的幾張除你弟弟那副嘴臉難看外，其他人照的都很好，我覺著如果現在再照相要比那張全家福上的氣色好多了，現在全是嚴冬「三九」，我還是每天八點鐘起床，晚十一點脫衣就寢。每天兩頓飯，晚上再喝點奶粉什麼的，外間屋生帶煙囪的煤爐，裡間屋你弟弟給我生了個焦炭爐，床上鋪兩床棉褥和你帶來的皮褥，還有小會玲跟著我暖腳，新的今年電褥子也沒用，屋裏一直保持在10度左右，陽曆年前又從醫院買來的免疫球蛋白注射針，你弟弟給我打上，所以上冬來只是小感冒了一次很快治好了，這幾天寒潮又來了，降溫到零下十度，我也沒感冒著，因此我覺著近來很有精神，天天看看電視，如果好電視看累了，我就上床躺著看，這不覺又臘月末了，你妹妹來信說帶著小霞豔玲來過年，因他兩個大伯接連病逝，婆婆比我還大一歲，就這麼一個小兒了，我去信叫他夫婦偎著老人過了年，初二三的再回來。關於昌雷的事，是縣裡給你弟弟打電話，因今年沒找到別的工種，徵求昌雷的意見如不去以後再等機會，昌雷考慮年歲大了，錯過這個機會，下次還不知何時再招工，況且如果下井、累是累，工資最高，所以他自己願意幹，前幾天他來說已分到縣裏保安煤礦，進行工前集訓，根據他的特長，可能分他去伙房做炊事員，他倒挺高興。

願您一家春節過的好

給親家翁請安

娘囑四弟敬錄

84年元月十六號

小民：

　　……從你走後，奶奶和我們都很想你，你娘有時夜裏想你想的哭，奶奶一到吃飯時就看桌子上少了一個人，每到星期六星期天也見不到你回來了，你奶奶取藥，請先生，去城裏買糧買菜，再也喊不到小民了，這些事你在家裏都能幹了，有多方便，可是為了你的前途絕不耽誤你，讓你走了你要記著千萬千萬要有志氣，要自重自愛，趁著年紀輕，發憤學習，一定要學有所成，千萬別辜負了祖父對你的期望也免得親友們的譏笑。

上個月是菏澤地震5.9級，黎明前5點鐘，我們都感覺到了很輕微，沒有任何驚慌和損失。

沒有什麼別的事，我不單給你二哥信了，你可把次信給二哥看看。

父字84年12月22日

小民：

　　信接到，字還是這麼難看，況且半張紙就有三、四個錯別字，凡是見到你的信的人，都異口同聲的說，小民的字沒長進，我翻翻你過去的作文本，怎麼還不如以前寫的工整呢，「學如逆水行舟不進則退」我想你出國後上學上課用的漢字少了，平常寫的少了，寫信是咋提起筆來寫的更生更彆腳了，再一個就是每逢提筆寫信心理浮躁，光求快，不求好，你這樣不行，漸漸的還不如你兩個妹妹寫的好哩，奶奶叫我告訴你，暑假裏除了作業補習以外，要安下心來每天練

上幾百鋼筆漢字，現在不練練字體，在大大固定了筆勢再想寫好也晚了。

爸爸
84年6月20

志鵬、鳳西：

　　……你妹妹的婆婆比我長一歲，原比我壯實，夏天忽然生重病，受了一個多月的罪，七月初故去，打發了老人的喪事，你妹妹帶永忠來看我，住了十來天，等見見雲華後才回合肥，他一家很好，也不用我掛心。

　　七月中旬石集的周覺民突然由美國回來探親，由他五弟陪同前來看我，他說在國外和你不斷聯繫，對你的情況相當熟悉，他小你一歲，稱你表兄，人長得很幹練，說1947年在濟南你上二臨中他讀五臨中，並且經常到住處玩，見過你父親，他母親也是87歲，健康壯實，離你大嫂的住處不遠，隔了兩天我叫你四弟回拜了他，他說在紐約當教授開工廠，他哥哥的生意也不錯，對他的回鄉省裏縣裏都很重視，聽說正在醞釀由他五弟（周魯寧）出面籌備在宵陽開什麼企業。

　　你讓雲華帶來的500美元，你妹妹拿去100，他說年前你給他了200美元，湊起來準備給女兒買進口彩電，（小平要結婚，永忠上大學，還有給你弟弟買的西藥，給小民買的畫，我就不多給他人民幣了）其餘400美元給你大表弟了，他送來了1500元的人民幣說什麼也得留下。……現在家裏外頭的生活都有了明顯的改變，他小弟兄幾個就屬昌雷沒遇著好機會，那年招工偏偏是臨時工，到現在在保安上，戶口還是在

添福農業，離家近，媳婦孩子跟著他吃閒飯，家中地也沒種成，雲華這次來談談新民他們的情況，對昌雷又是個刺激。年初關於捐資辦學的事當時發起此事的鄉長周榮已調往別處，現在人們的胃口都很大，覺著1萬元放到公家辦學派不上什麼大用場，面對個人又沒什麼切身利益，而昌雷原想通過三叔捐資辦學爭取解決個人問題，（轉入城市戶口）可他上有關部門跑了幾趟，給他的答覆總的精神是：根據華僑對國家和家鄉建設所做貢獻的大小，地方當局對其親屬可以進行適當照顧，這樣一來對於最初聯繫的捐資辦學的事雙方的態度都冷下來了，可問題仍擺在那裏，我和你弟弟也想不出更好的意見，如果你樂意的話，答應的1萬元也可兌現，（周家年前也捐了1萬元，給石集小學做建設用）或者等你下次回家時，再考慮做點別的表示，也未嘗不可。但昌雷的事沒解決好，我一直是件心事，我知道你的脾氣，娘這是和你談家常話，你別閒娘囉嗦，別發火。

母囑

書後感言

　　「落葉不歸根」終於脫稿、並已寄去台北排印。寫這本自述、返觀了自己一生行徑、所作所為，從有記憶以來直到如今（2007年元月）：褒貶互見、善惡美醜不一，此之謂「常人」、「真人」的一生者也，不必隱諱！我讀這本書猶如讀別人的故事小傳，也像別人讀我這本書，作壁上觀。且說說個人的感覺和評鑑：

　　先說醜陋的一面：

(一) 這個人不大正經，往往行不由徑。比如人家托他帶信、他竟偷看人家的家書。他辦侄兒來比用收養方式，知道妻子不會同意就冒用她的簽名、暗中辦理手續。

(二) 他看來瘦小斯文、但脾氣暴躁、常常不能自控，兩次出手打人闖禍是大焉者，小小的動手未釀成事端者不一而足。

(三) 從小調皮搗蛋、好作弄人：小時作弄他弟弟、入學作弄同學，進入軍營惡作劇不停，一早練習喊口令「立正」、「稍息」，他覺得無聊，就大叫一聲「投降」、立即當場罰跪；隨著年齡的增長這類鬧劇逐漸減少，但骨子裡是玩世不恭的性格。

(四) 自作多情，從小就喜歡沾花惹草。

(五) 對於「男女關係」啟蒙很早，喜看禁書、是他一生的執著；這也是來自「鼓樓門前聽書」、受聊齋故事的影響。

‥‥‥‥

再說美好的一面：

(一) 上述種種毛病隨著年齡與修為逐漸改正，而且常常自我檢討、一心痛改前非。

(二) 拈花惹草，大都有分寸；真正的紅顏知己一生只有兩個：一個是老師、一個是老婆；婚後忠於妻子、愛護家庭，從未惹上桃色糾紛。

(三) 少年吃過苦，到台灣接受嚴格的軍訓，度過台灣的克難時代，遇事艱忍不拔、鍥而不捨。

(四) 這是個好兒子、好丈夫、好爸爸、好兄弟、好叔伯、好爺爺；更是個好朋友、好人：言而有信、與人為善、肝膽相照、見義勇為。

(五) 總的說非常自賞，一生了無遺憾。

國家圖書館出版品預行編目

落葉不歸根 / 黃三著. -- 一版. -- 臺北市：
　秀威資訊科技, 2007[民96]
　　面； 公分. --(史地傳記類；PC0017)

　ISBN 978-986-6909-57-3(平裝)

　1. 黃三 - 傳記

782.886　　　　　　　　　　96006949

史地傳記類　　PC0017

落葉不歸根

作　　　者 / 黃三
發　行　人 / 宋政坤
執 行 編 輯 / 林世玲
圖 文 排 版 / 陳穎如
封 面 設 計 / 林世峰
數 位 轉 譯 / 徐真玉　沈裕閔
圖 書 銷 售 / 林怡君
法 律 顧 問 / 毛國樑　律師
出 版 印 製 / 秀威資訊科技股份有限公司
　　　　　　臺北市內湖區瑞光路583巷25號1樓
　　　　　　電話：02-2657-9211　　傳真：02-2657-9106
　　　　　　E-mail：service@showwe.com.tw
經　銷　商 / 紅螞蟻圖書有限公司
　　　　　　臺北市內湖區舊宗路二段121巷28、32號4樓
　　　　　　電話：02-2795-3656　　傳真：02-2795-4100
　　　　　　http://www.e-redant.com

2007 年　5 月　BOD 一版
2007 年 10 月　BOD 三版
定價：300元

‧請尊重著作權‧
Copyright©2007 by Showwe Information Co.,Ltd.

讀　者　回　函　卡

感謝您購買本書，為提升服務品質，煩請填寫以下問卷，收到您的寶貴意見後，我們會仔細收藏記錄並回贈紀念品，謝謝！

1.您購買的書名：＿＿＿＿＿＿＿＿＿＿＿＿＿＿＿＿＿

2.您從何得知本書的消息？

　□網路書店　□部落格　□資料庫搜尋　□書訊　□電子報　□書店

　□平面媒體　□ 朋友推薦　□網站推薦 □其他＿＿＿＿＿＿

3.您對本書的評價：(請填代號　1.非常滿意 2.滿意 3.尚可 4.再改進)

　封面設計＿＿　版面編排＿＿　內容＿＿　文/譯筆＿＿　價格＿＿

4.讀完書後您覺得：

　□很有收獲　□有收獲　□收獲不多　□沒收獲

5.您會推薦本書給朋友嗎？

　□會　□不會，為什麼？＿＿＿＿＿＿＿＿＿＿＿＿＿＿＿＿

6.其他寶貴的意見：＿＿＿＿＿＿＿＿＿＿＿＿＿＿＿＿＿＿

＿＿＿＿＿＿＿＿＿＿＿＿＿＿＿＿＿＿＿＿＿＿＿＿＿＿＿

＿＿＿＿＿＿＿＿＿＿＿＿＿＿＿＿＿＿＿＿＿＿＿＿＿＿＿

＿＿＿＿＿＿＿＿＿＿＿＿＿＿＿＿＿＿＿＿＿＿＿＿＿＿＿

讀者基本資料

姓名：＿＿＿＿＿＿＿＿＿　年齡：＿＿＿　性別：□女 □男

聯絡電話：＿＿＿＿＿＿＿　E-mail：＿＿＿＿＿＿＿＿＿

地址：＿＿＿＿＿＿＿＿＿＿＿＿＿＿＿＿＿＿＿＿＿＿＿

學歷：□高中(含)以下　　□高中　　□專科學校　　□大學

　　　□研究所(含)以上 □其他＿＿＿＿＿＿＿

職業：□製造業 □金融業 □資訊業 □軍警 □傳播業 □自由業

　　　□服務業 □公務員 □教職　　□學生 □其他＿＿＿＿＿

<table>
<tr><td></td><td>請 貼
郵 票</td></tr>
</table>

To：114

　　台北市內湖區瑞光路 583 巷 25 號 1 樓

　　秀威資訊科技股份有限公司　　　收

寄件人姓名：

寄件人地址：□□□

（請沿線對摺寄回,謝謝!）

秀威與 BOD

BOD（Books On Demand）是數位出版的大趨勢，秀威資訊率先運用 POD 數位印刷設備來生產書籍，並提供作者全程數位出版服務，致使書籍產銷零庫存，知識傳承不絕版，目前已開闢以下書系：

一、BOD　學術著作—專業論述的閱讀延伸
二、BOD　個人著作—分享生命的心路歷程
三、BOD　旅遊著作—個人深度旅遊文學創作
四、BOD　大陸學者—大陸專業學者學術出版
五、POD　獨家經銷—數位產製的代發行書籍

BOD 秀威網路書店：www.showwe.com.tw
政府出版品網路書店：www.govbooks.com.tw

　　永不絕版的故事・自己寫・永不休止的音符・自己唱